suhrkamp taschenbuch
wissenschaft 1857

Eva Illouz geht in ihren Adorno-Vorlesungen von der überraschenden These aus, daß die Kultur des Kapitalismus eine intensive emotionale Kultur ausgebildet hat: am Arbeitsplatz, in der Familie und in jeder Form von sozialen Beziehungen. Und mehr noch: Während ökonomische Beziehungen immer stärker durch Gefühle bestimmt werden, gilt für das Reich der Gefühle das Umgekehrte: Sie sind durch eine Ökonomisierung geprägt, die von der ersten Kontaktaufnahme bis zur Trennung das Gefühlsleben reguliert. Illouz faßt dieses eigentümliche Verhältnis als emotionalen Kapitalismus und geht ihm in verschiedenen Feldern nach. Sie untersucht die neue Form der Gefühle in Internet-Chat und Partnerbörsen, in Lifestyle-Magazinen und Filmen, nimmt aber auch jene Berufsgruppe in den Blick, die aus den Irrungen und Wirrungen der Gefühle ihr Kapital zieht: die klinischen Psychologen.

»Das Buch gehört zu den interessantesten des Jahres, gerade weil man an vielen Stellen geneigt ist, zu widersprechen und nachzufragen.«
Süddeutsche Zeitung

Eva Illouz ist Professorin für Soziologie an der Hebrew University in Jerusalem.
Im Suhrkamp Verlag erschienen: *Der Konsum der Romantik* (stw 1858), *Die Errettung der modernen Seele* (stw 1997), *Warum Liebe weh tut. Eine soziologische Erklärung* (2011), *Die neue Liebesordnung. Frauen, Männer und* Shades of Grey (2013) und *Israel. Soziologische Essays* (es 2683).

Eva Illouz
Gefühle in Zeiten des Kapitalismus

Frankfurter Adorno-Vorlesungen 2004

Institut für Sozialforschung an der
Johann Wolfgang Goethe-Universität
Frankfurt am Main

Aus dem Englischen
von Martin Hartmann

Suhrkamp

10. Auflage 2024

Erste Auflage 2007
suhrkamp taschenbuch wissenschaft 1857

Umschlag nach Entwürfen
von Willy Fleckhaus und Rolf Staudt
Druck und Bindung: C.H. Beck, Nördlingen
Printed in Germany
ISBN 978-3-518-29457-4

Suhrkamp Verlag AG
Torstraße 44, 10119 Berlin
info@suhrkamp.de
www.suhrkamp.de

Inhalt

Für Elchanan

I. Der Aufstieg des Homo Sentimentalis

Soziologen haben die Moderne traditionellerweise mit dem Aufkommen des Kapitalismus, dem Aufstieg demokratischer politischer Institutionen oder aber mit der moralischen Kraft der Idee des Individualismus in Verbindung gebracht, dabei aber die Tatsache vernachlässigt, daß die meisten großen soziologischen Erzählungen der Moderne neben den bekannten Begriffen des Mehrwerts, der Ausbeutung, der Rationalisierung, der Entzauberung oder der Arbeitsteilung eine andere, unscheinbarere Nebenerzählung enthalten, in der die Entstehung der Moderne unter dem Gesichtspunkt von Emotionen thematisch wird. Um nur einige besonders auffällige, wenn auch triviale Beispiele zu nennen: Webers *Die protestantische Ethik und der Geist des Kapitalismus* enthält im Kern eine These über die Rolle der Emotionen im ökonomischen Handeln, da es die durch die Unergründlichkeit der Gottheit ausgelösten Angstaffekte sind, die im Mittelpunkt rastloser unternehmerischer Tätigkeit stehen. Die Marxsche Entfremdungstheorie – ohne die das Verhältnis des Arbeiters zu Prozeß und Produkt der Arbeit nicht hätte erklärt werden können – geht mit einer lauten emotionalen Begleitmusik einher, etwa an den Stellen in den *Ökonomisch-philosophischen Manuskripten*, an denen Marx die entfremdete Arbeit im Sinne eines Realitätsverlusts in den Blick nimmt oder, in seinen Worten, als einen »Verlust des Gegenstandes«.[1] Dort, wo die Marxsche Entfremdungstheorie von der Populärkultur angeeignet – und entstellt – wurde, geschah das vor allem aufgrund ihrer emotionalen Implikationen. Die Moderne und der Kapitalismus waren entfremdend, weil sie eine Form emotionaler

1 Siehe das Kapitel »Die entfremdete Arbeit«, in: Karl Marx, *Ökonomisch-philosophische Manuskripte*, in: Karl Marx und Friedrich Engels, *Werke*, Band 40, Berlin 1985, S. 512.

Taubheit erzeugten, durch die die Menschen voneinander, von ihrer Gemeinschaft und von ihrem innersten Selbst getrennt wurden. Auch Simmels berühmte Beschreibung des Großstadtlebens enthält eine Darstellung des emotionalen Lebens. In Simmels Perspektive produziert das großstädtische Leben einen endlosen Fluß nervöser Reize und kontrastiert damit dem kleinstädtischen Leben, das auf »gefühlsmäßige Beziehungen gestellt ist«.[2] Für Simmel ist die typisch moderne Einstellung die des Blasierten, die sich aus einer gewissen Reserviertheit, Kälte und Gleichgültigkeit zusammensetzt und, wie Simmel hinzufügt, stets Gefahr läuft, in Haß umzuschlagen. Schließlich ist es wohl die Durkheimsche Soziologie, die sich – bei allem ihr eigenen Neo-Kantianismus – vielleicht auf besonders überraschende Weise der Thematik der Emotionen zuwendet. Ja, das Herzstück der Durkheimschen Soziologie, die Solidarität, ist nichts anderes als ein Bündel von Emotionen, das die sozialen Akteure an die zentralen Symbole der Gesellschaft bindet (in *Die elementaren Formen des religiösen Lebens* spricht Durkheim in diesem Zusammenhang von »Efferveszenz«).[3] Durkheims Sicht der Moderne bezieht sich sogar noch direkter auf Emotionen, da sie zu begreifen sucht, was die moderne Gesellschaft angesichts der aus der sozialen Differenzierung resultierenden mangelnden emotionalen Intensität »zusammenhält«.[4]

2 Georg Simmel, »Die Großstädte und das Geistesleben«, in: ders., *Gesamtausgabe*, Band 7, *Aufsätze und Abhandlungen 1901-1908*, Band 1, hg. v. Rüdiger Kramme, Angela Rammstedt und Otthein Rammstedt, Frankfurt/M. 1995, S. 117.

3 Im Schlußkapitel ihrer Studie »Über einige primitive Formen der Klassifikation« behaupten Durkheim und Mauss, daß symbolische Klassifikationen – die kognitiven Entitäten par excellence – einen emotionalen Kern haben. Siehe Emile Durkheim und Marcel Mauss, »Über einige primitive Formen der Klassifikation«, in: Emile Durkheim, *Schriften zur Soziologie der Erkenntnis*, hg. v. Hans Joas, Frankfurt/M. 1987, S. 249-256.

4 Emile Durkheim, *Über soziale Arbeitsteilung. Studie über die Organisation höherer Gesellschaften*, Frankfurt/M. 1992.

Mein Punkt ist, so hoffe ich, deutlich genug, und ich will ihn hier nicht weiter ausführen. Implizit enthalten die kanonischen soziologischen Theorien der Moderne wenn schon nicht eine voll ausgereifte Theorie der Emotionen, so doch zumindest eine ganze Reihe von Bezügen auf einzelne Emotionen: Angst, Liebe, Ehrgeiz, Gleichgültigkeit, Schuld – alle diese Emotionen sind in den meisten historischen und soziologischen Erzählungen präsent, in denen es um die Brüche geht, die die moderne Ära herbeigeführt haben. Man muß nur, wenn man will, lange genug an ihrer Oberfläche kratzen.[5] Meine allgemeine These in diesen Vorlesungen lautet wie folgt: Wenn wir diese nicht allzu verborgene Dimension der Moderne wiedergewinnen, werden sich die üblichen Analysen der Konstitution des modernen Selbst und der modernen Identität, aber auch die Analysen der Spaltung zwischen Öffentlichem und Privatem mitsamt ihrer geschlechtsspezifischen Artikulation wandeln.

Aber, so könnte man nun fragen, warum sollten wir das tun? Würde die Konzentration auf eine solch hochgradig subjektive, unsichtbare und persönliche Erfahrung, wie es eine »Emotion« ist, nicht das Geschäft der Soziologie untergraben, von dem man doch sagt, es sei hauptsächlich mit objektiven Regelmäßigkeiten, strukturierten Handlungen und großflächigen Institutionen beschäftigt? Warum sollten wir uns, anders gesagt, mit einer Kategorie herumschlagen, ohne die die Soziologie bisher ganz gut ausgekommen ist? Ich denke, es gibt einige Gründe, die dafür sprechen.[6] Emotionen sind an sich keine Handlungen, wohl aber die innere

5 Natürlich spielen Emotionen nicht die gleiche Rolle in unterschiedlichen soziologischen Kontexten; mein Punkt ist nur, daß sie überhaupt eine Rolle spielen.

6 Vgl. E. Doyle McCarthy, »The Social Construction of Emotions. New Directions from Culture Theory«, in: William M. Wentworth und John Ryan (Hg.), *Social Perspectives on Emotion*, Band 2, Greenwich 1994, S. 267-279, sowie ders., »The Emotions. Senses of the Modern Self«, in: *Österreichische Zeitschrift für Soziologie*, 27:2, 2002, S. 30-49.

Energie, die uns zum Handeln antreibt; sie sind das, was einer Handlung eine spezifische »Stimmung« oder »Färbung« gibt. Emotionen können folglich als die »energiegeladene« Seite des Handelns bestimmt werden, wobei diese Energie zugleich Kognition, Affekt, Bewertung, Motivation und den Körper impliziert.[7] Emotionen sind also weit davon entfernt, präsozial oder präkulturell zu sein; in ihnen sind vielmehr kulturelle Bedeutungen und soziale Beziehungen auf untrennbare Weise miteinander verflochten, und gerade diese Verflechtung ist es, die ihnen das Vermögen verleiht, Handeln mit Energie aufzuladen. Emotionen besitzen diese »Energie« aufgrund der Tatsache, daß sie stets das Selbst und seine Beziehung zu kulturell situierten anderen betreffen. Wenn jemand zu mir sagt: »Du bist schon wieder zu spät gekommen«, dann wird die Antwort auf die Frage, ob ich Scham, Wut oder Schuld empfinde, fast vollständig von meiner Beziehung zu dieser Person abhängen. Kommt die Bemerkung von meinem Chef, werde ich mich vermutlich schämen, kommt sie von einem Kollegen, macht sie mich wahrscheinlich wütend; kommt sie dagegen von meinem Kind, das vor der Schule auf mich wartet, dann fühle ich mich mit ziemlicher Sicherheit schuldig. Emotionen sind gewiß eine psychologische Entität, aber sie sind ebenso und vielleicht sogar noch stärker kulturelle und soziale Entitäten. Über Emotionen verwirklichen wir kulturelle Formen des Personseins, so wie sie in konkreten und unmittelbaren, aber stets kulturell und sozial definierten Beziehungen ausgedrückt werden. Ich würde daher sagen, daß Emotionen kulturelle Bedeutungen und soziale Beziehungen sind, die eng miteinander verflochten sind; und es ist diese enge Verflechtung, die ihnen ihren energetischen und damit präreflе-

7 Martha C. Nussbaum, *Upheavals of Thought. The Intelligence of Emotions*, Cambridge 2001; Michelle Z. Rosaldo, »Toward an Anthropology of Self and Feeling«, in: Richard A. Shweder und Robert A. LeVine (Hg.), *Culture Theory. Essays on Mind, Self, and Emotion*, Cambridge 1984, S. 137-157.

xiven, häufig halbbewußten Charakter verleiht. Emotionen sind zutiefst internalisierte, nicht-reflexive Aspekte des Handelns, aber nicht, weil sie nicht genug Kultur oder Gesellschaft in sich enthalten, sondern weil sie zuviel davon in sich tragen. Aus diesem Grund kann eine hermeneutische Soziologie, die soziales Handeln von »innen« verstehen will, ohne eine Berücksichtigung der emotionalen Färbung des Handelns und ihrer Quellen nicht angemessen sein.

Emotionen haben noch eine weitere zentrale Relevanz für die Soziologie: Viele soziale Arrangements sind zugleich emotionale Arrangements. Es ist trivial, darauf hinzuweisen, daß jene Spaltung und Unterscheidung, die die fundamentalste ist und die fast alle Gesellschaften prägt – die zwischen Männern und Frauen nämlich –, auf kulturell bestimmten emotionalen Gegebenheiten beruht (und durch sie reproduziert wird).[8] Wer ein wahrhafter Mann sein will, muß Mut, kühle Rationalität und disziplinierte Aggressivität zur Schau stellen. Feminität dagegen verlangt nach Freundlichkeit, Mitgefühl und Heiterkeit. Die durch geschlechtsspezifische Spaltungen produzierten sozialen Hierarchien enthalten implizite emotionale Spaltungen, ohne die Männer und Frauen ihre Rollen und Identitäten nicht reproduzieren würden. Diese Spaltungen wiederum produzieren emotionale Hierarchien, in denen kühle Rationalität normalerweise als verläßlicher, objektiver und professioneller eingeschätzt wird als etwa Mitgefühl. So setzt, um nur ein Beispiel zu nennen, das Ideal der Objektivität, das unser Bild von Nachrichten oder von (einer vorgeblich blinden) Gerechtigkeit dominiert, eine männliche Praxis und ein männliches Modell emotionaler Selbstkontrolle voraus. Emotionen sind folglich hierarchisch organisiert, und diese

8 Lila Abu-Lughod und Catherine A. Lutz, »Introduction. Emotion, Discourse, and the Politics of Everyday Life«, in: dies., (Hg.), *Language and the Politics of Emotion*, Cambridge 1990, S. 1-23; Stephanie A. Shields, *Speaking from the Heart. Gender and the Social Meaning of Emotion*, Cambridge 2002.

emotionalen Hierarchien organisieren wiederum auf implizite Weise unsere moralischen und sozialen Arrangements.

Ich will im folgenden die These vertreten, daß die Bildung des Kapitalismus Hand in Hand ging mit der Bildung einer stark spezialisierten emotionalen Kultur. Wenn wir uns auf diese Dimension des Kapitalismus konzentrieren – auf seine Emotionen also –, wird es möglich, eine andere Ordnung der sozialen Organisation des Kapitalismus zu entdecken. Im ersten Kapitel zeige ich, daß die stärkere Gewichtung der Emotionen in der Geschichte von Kapitalismus und Moderne die konventionelle Trennung zwischen einer emotionsfreien öffentlichen und einer mit Emotionen gesättigten privaten Sphäre zerfallen läßt, da deutlich wird, in welchem Maße Frauen und Männer der Mittelschicht im Laufe des 20. Jahrhunderts dazu angehalten werden, sich sowohl am Arbeitsplatz als auch in der Familie auf intensivste Weise ihren Emotionen zuzuwenden, und zwar indem sie in beiden Bereichen ähnliche Techniken verwenden, um das Selbst und seine Beziehungen zu anderen in den Vordergrund zu rücken. Eine solche Kultur der Emotionalität bedeutet nicht, wie Kritiker in der Nachfolge Tocquevilles fürchten, daß wir uns in das Gehäuse unseres Privatlebens zurückziehen[9] – im Gegenteil: Niemals zuvor ist das private Selbst derart öffentlich inszeniert worden, niemals zuvor ist es so sehr auf die Diskurse und Werte der ökonomischen und politischen Sphäre zugeschnitten worden.

Das zweite Kapitel widmet sich ausführlicher der Weise, in der die moderne Identität tatsächlich zunehmend an einer Vielzahl sozialer Orte unter Bezug auf ein Narrativ öffentlich inszeniert wird, in dem sich das Bestreben nach Selbst-

9 Siehe Robert N. Bellah, Richard Madsen, William M. Sullivan, Ann Swidler und Steven M. Tipton, *Habits of the Heart. Individualism and Commitment in American Life*, Berkeley 1985 (dt. *Gewohnheiten des Herzens*, Köln 1987) und Cristopher Lasch, *The Minimal Self. Psychic Survival in Troubled Times*, New York 1984, für klassische Stellungnahmen dieser Art.

verwirklichung und der Anspruch auf emotionales Leiden verbinden. Die Dominanz und Fortdauer dieses Narrativs, das wir als verkürztes Narrativ der Anerkennung behandeln können, ist auf die materiellen und ideellen Interessen einer Vielzahl sozialer Gruppen bezogen, die innerhalb des Markts, der Zivilgesellschaft und der institutionellen Grenzen des Staats operieren.

Im dritten Teil zeige ich, wie der Prozeß, der aus dem Selbst eine emotionale und öffentliche Angelegenheit macht, seinen stärksten Ausdruck in der Internettechnologie findet, einer Technologie, die ein öffentliches emotionales Selbst voraussetzt und zur Darstellung bringt, mehr noch, die das öffentliche emotionale Selbst den privaten Interaktionen vorausgehen läßt und sie konstituiert.

Obgleich die einzelnen Kapitel separat gelesen werden können, gibt es eine organische Verbindung zwischen ihnen und ein kumulatives Fortschreiten auf ein Hauptziel zu, das darin besteht, die Konturen eines *emotionalen Kapitalismus* zu skizzieren. Der emotionale Kapitalismus ist eine Kultur, in der sich emotionale und ökonomische Diskurse und Praktiken gegenseitig formen, um so jene breite Bewegung hervorzubringen, die Affekte einerseits zu einem wesentlichen Bestandteil ökonomischen Verhaltens macht, andererseits aber auch das emotionale Leben – vor allem das der Mittelschichten – der Logik ökonomischer Beziehungen und Austauschprozesse unterwirft. Themen wie das der »Rationalisierung« und »Verdinglichung« der Emotionen werden zwangsläufig in allen drei Teilen vorkommen. Dennoch folgt meine Analyse weder Weber noch Marx, da ich nicht voraussetze, daß sich Ökonomie und Emotionen voneinander trennen lassen (oder daß sie voneinander getrennt werden sollten).[10] Vielmehr zeige ich in den folgenden drei Kapiteln, daß das kulturelle Repertoire des Markts zwischenmenschliche und emotionale Beziehungen formt und

10 Siehe Viviana A. Zelizer, *The Social Meaning of Money. Pin Money, Paychecks, Poor Relief, and Other Currencies*, New York 1994.

beeinflußt, zugleich aber zwischenmenschliche Beziehungen im Zentrum der ökonomischen stehen. Genauer, das Repertoire des Markts vermischt sich mit der Sprache der Psychologie, und diese Kombination wiederum schafft neue Techniken und Bedeutungen, aus denen neue Formen der Sozialität gegossen werden. Im folgenden Abschnitt will ich untersuchen, wie dieser neue Modus des sozialen Umgangs entstanden ist und was seine zentralen emotionalen (imaginären) Bedeutungen sind.

Freud und die Clark Lectures

Müßte ich trotz meiner Ausbildung als Kultursoziologin und trotz meiner tiefsitzenden Zweifel an der Möglichkeit, wichtige kulturelle Umwälzungen mit festen Daten in Verbindung zu bringen, ein Datum nennen, das die Transformation der emotionalen Kultur Amerikas markiert, würde ich das Jahr 1909 auswählen, das Jahr, in dem Sigmund Freud nach Amerika reist, um an der Clark University Vorlesungen zu halten. In fünf übersichtsartigen Vorlesungen stellt Freud einem gemischten Publikum die Hauptideen der Psychoanalyse vor oder zumindest die Ideen, die in der amerikanischen Populärkultur Widerhall finden sollten: den Versprecher, die Rolle, die das Unbewußte in der Bestimmung unseres Schicksals spielt, die zentrale Bedeutung der Träume für das psychische Leben, den sexuellen Charakter fast aller unserer Wünsche, die Familie als Ursprung unserer Psyche und tiefste Ursache ihrer Pathologien. Es ist merkwürdig: Die meisten soziologischen und historischen Analysen liefern uns zwar elaborierte und feinsinnige Darstellungen der intellektuellen Ursprünge der Psychoanalyse,[11]

11 Léon Chertok und Raymond de Saussure, *The Therapeutic Revolution. From Mesmer to Freud*, New York 1979; Henry F. Ellenberger, *The Discovery of the Unconscious. The History and Evolution of Dynamic Psychiatry*, New York 1970.

beschreiben ihren Einfluß auf kulturelle Konzeptionen des Selbst oder ihr Verhältnis zu wissenschaftlichen Ideen, eine schlichte und doch auffällige Tatsache aber übersehen sie, die Tatsache nämlich, daß die Psychoanalyse und die Vielzahl abtrünniger Theorien der Psyche, die ihr gefolgt sind, im großen und ganzen ihre Hauptaufgabe darin sahen, das emotionale Leben neu auszurichten (auch wenn es natürlich so aussah, als wären sie lediglich daran interessiert, es zu zerlegen). Um genauer zu sein: Die vielen Stränge der klinischen Psychologie – der Freudsche Strang, der ich-psychologische, der humanistische, der objektbeziehungstheoretische – haben das formuliert, was ich einen neuen emotionalen Stil nennen möchte, nämlich den therapeutischen emotionalen Stil, der die kulturelle Landschaft Amerikas im 20. Jahrhundert maßgeblich beherrschen sollte.

Was ist ein »emotionaler Stil«? In ihrem bekannten Buch *Philosophie auf neuem Wege* geht Susan Langer davon aus, daß jedes Zeitalter der Philosophiegeschichte »ein besonderes Anliegen« hat und daß es die »Behandlungsweise eines Problems« (die »Technik«) und nicht der jeweilige Inhalt ist, die über die »Zuordnung von Problemen zu einer Epoche« entscheidet.[12] »Emotionalen Stil« nenne ich hier die Art und Weise, in der das emotionale Leben – seine Ätiologie und Morphologie – der Kultur des 20. Jahrhunderts zum »Anliegen« wird und die Art und Weise, in der sie spezifische »Techniken« entwickelt – linguistische, wissenschaftliche und interaktive –, um diese Emotionen zu verstehen und zu handhaben.[13] Der moderne emotionale Stil ist vor allem (wenn auch nicht ausschließlich) durch die Sprache der The-

12 Susan K. Langer, *Philosophy in a New Key. A Study in the Symbolism of Reason, Rite, and Art*, Cambridge/Mass. 1976[3], S. 3 (dt. *Philosophie auf neuem Wege. Das Symbol im Denken, im Ritus und in der Kunst*, Frankfurt/M. 1965, S. 11).

13 Ich stütze mich hier auf Martin Albrow, »The Application of the Weberian Concept of Rationalization to Contemporary Conditions«, in: Sam Whimster und Scott Lash (Hg.), *Max Weber. Rationality and Modernity*, London 1987, S. 164-182.

rapie geprägt, die innerhalb einer relativ kurzen Phase zwischen dem Ersten und dem Zweiten Weltkrieg aufgekommen ist. Wenn es so ist, wie Jürgen Habermas behauptet, daß am Ende des 19. Jahrhunderts eine Disziplin »zunächst als das Werk eines einzelnen Mannes« entstanden ist,[14] würde ich hinzufügen, daß diese Disziplin schnell mehr wurde als nur eine Disziplin im Sinne eines spezialisierten Wissensfundus. Aus ihr entwickelten sich neue kulturelle Praktiken, die, da sie auf unverwechselbare Weise zwischen dem Bereich wissenschaftlicher Produktion und den Bereichen der elitären und der populären Kultur angesiedelt waren, Konzeptionen des Selbst, des emotionalen Lebens und sogar der sozialen Beziehungen neu gestalten konnten. In Anlehnung an Robert Bellahs Ausdruck für die protestantische Reformation können wir sagen, daß der therapeutische Diskurs grundlegende »Identitätssymbole« neu ausgerichtet hat.[15] Es sind letztlich diese Identitätssymbole, mit deren Hilfe sich der emotionale Stil neu ausrichten konnte.

Ein emotionaler Stil nimmt Form an, wenn eine neue Art des Denkens über die Beziehung des Selbst zu anderen konzipiert wird, wenn neue Möglichkeiten dieser Beziehung vorstellbar werden. Interpersonelle Beziehungen – etwa im Rahmen einer Nation – werden in Anlehnung an imaginäre Skripte, die soziale Nähe und Distanz mit Bedeutung aufladen, reflektiert, ersehnt, diskutiert, verraten, umkämpft und verhandelt.[16] Freud hat, das ist in meinen Au-

14 Jürgen Habermas, *Erkenntnis und Interesse*, Frankfurt/M. 1968, S. 262. Habermas' These wird nicht überall geteilt. Ellenberger zum Beispiel sieht in Freud nur ein Glied in einer langen Kette psychotherapeutischer Behandlungen; siehe Ellenberger, *The Discovery of the Unconscious*, a.a.O.

15 Robert N. Bellah, *Beyond Belief. Essays on Religion in a Post-Traditional World*, New York 1968, S. 67.

16 Benedict Anderson, *Imagined Communities. Reflections on the Origin and Spread of Nationalism*, London 1991 (dt. *Die Erfindung der Nation. Zur Karriere eines folgenreichen Konzepts*, Frankfurt/M. 2005).

gen sein größter Einfluß auf die Kultur, dazu beigetragen, daß wir das Selbst in seinem Verhältnis zu anderen vor dem Hintergrund eines neuen Verständnisses der Position des Selbst zu seiner eigenen Vergangenheit neu denken. Dieses neue Bild des Interpersonellen schlug sich in einer Reihe von zentralen Ideen und kulturellen Motiven nieder, die prägend für die amerikanische Kultur werden sollten.

Erstens ist im psychoanalytischen Verständnis die Kernfamilie der Ort, an dem das Selbst entsteht, der Ort also, an dem und von dem aus die Erzählung und Geschichte des Selbst ihren Anfang nimmt. Bot die Familie bis dahin die Möglichkeit, sich »objektiv« in einer langen chronologischen Kette und in der sozialen Ordnung zu situieren, wird sie nun ein biographisches Ereignis, das symbolisch das ganze Leben begleitet und auf unverwechselbare Weise die eigene Individualität ausdrückt. Es gehört zur Ironie der Geschichte, daß die Familie in dem Augenblick, in dem ihre traditionellen Grundlagen brüchig werden, das Selbst heimzusuchen beginnt, und zwar als »Erzählung« und als Mittel, das Selbst zu dramatisieren. Die Familie war schon allein deswegen zentral für die Konstitution neuer Narrative des Selbst, weil sie sowohl der Ursprung dieses Selbst als auch das war, wovon es befreit werden mußte.

Zweitens verankert das psychoanalytische Verständnis das Selbst fest im Alltagsleben, in jenem Bereich, den Stanley Cavell als »ereignislos« kennzeichnet.[17] So beansprucht Freud in seiner *Psychopathologie des Alltagslebens*, die 1901 erschien und deren Ideen in die Clark Lectures eingeflossen sind, eine neue Wissenschaft auf der Basis der banalsten und unspektakulärsten Ereignisse zu gründen, also etwa mit Bezug auf Fehlleistungen oder Versprecher, in denen sich, wie Freud sagt, die eigentliche Bedeutung des Selbst und seiner Begierden niederschlägt. Freuds Theorie war damit Teil der kulturellen Revolution des Bürgertums,

17 Stanley Cavell, »The Ordinary as the Uneventful«, in: Stephen Mulhall (Hg.), *The Cavell Reader*, Oxford 1996, S. 253-259.

die sich von kontemplativen und heroischen Definitionen der Identität verabschiedete und dieses Selbst im Bereich des Alltäglichen verankerte, vor allem in der Arbeitssphäre und in der Familie.[18] Freud ging sogar noch einen Schritt weiter. Er verlieh dem gewöhnlichen Selbst neuen Glanz, da es nun darauf wartete, entdeckt und gestaltet zu werden. Das gewöhnliche, weltliche Selbst wurde mysteriös, etwas schwer zu Erreichendes. So schreibt Peter Gay in seinem biographischen und philosophischen Porträt Freuds: »Was jedermann gewohnt ist, im Sexualleben ›normal‹ zu nennen, ist in Wirklichkeit der Endpunkt einer langen, oft unterbrochenen Pilgerfahrt, ein Ziel, das viele Menschen nie – und noch mehr nur selten – erreichen. Der Geschlechtstrieb in seiner reifen Form ist *eine Leistung.*«[19] Was das Selbst für die Vorstellungskraft anziehend machte, war die Tatsache, daß es nun zwei gegeneinanderstehende kulturelle Bilder in sich verschmolz: das der Normalität und das der Pathologie. Freuds herausragende kulturelle Leistung bestand sowohl darin, den Bereich des Normalen auszuweiten, indem es dem Pathologischen zugerechnet wurde (zum Beispiel seine Idee, daß die sexuelle Entwicklung mit der Homosexualität anhebt), als auch darin, die Normalität zu problematisieren, so daß sie ein mühseliges Ziel wurde, das sich nur durch die Mobilisierung einer ganzen Reihe kultureller Ressourcen erreichen ließ (so war Heterosexualität nicht länger einfach gegeben; sie wurde ein Ziel, das erreicht werden mußte). Wenn also, wie Foucault meint, der psychiatrische Diskurs des 19. Jahrhunderts eine strenge Grenze zwischen dem Normalen und dem Pathologischen errichte-

18 Charles Taylor, *Sources of the Self. The Making of the Modern Identity*, Cambridge/Mass. 1989 (dt. *Quellen des Selbst. Die Entstehung der neuzeitlichen Identität*, Frankfurt/M. 1994).

19 Peter Gay, *Freud. A Life for Our Time*, London 1988 (dt. *Freud. Eine Biographie für unsere Zeit*, Frankfurt/M. 1989, S. 171, Hervorhebung E.I.).

te,[20] dann hat Freud diese Grenze systematisch verwischt und eine neue Art der Normalität statuiert, bewohnt von einem neuen Ensemble pathologischer Charaktere, eine Normalität, die für das Selbst ein Projekt mit offenem Ende wurde, ein undefiniertes und doch machtvolles Ziel.

Schließlich plazierte Freud im Zentrum dieses neuen Verständnisses Sex, sexuelles Vergnügen und Sexualität. Berücksichtigt man die große Menge an Ressourcen, die mobilisiert wurden, um die Sexualität zu regulieren, erscheint es vernünftig, davon auszugehen, daß das offene Projekt des Selbst, in dessen Rahmen Sex und Sexualität als machtvolle unbewußte Ursachen für Pathologien, aber auch als Zeichen einer reifen und vollständigen Entwicklung erschienen, die zensierte Vorstellungskraft der Zeitgenossen Freuds anstacheln mußte. Die Sexualität ließ sich so leicht der modernen Vorstellungskraft einverleiben, weil sie sich mit einem anderen, hochgradig modernen Motiv verband, nämlich mit der Sprache; die Sprache war das, was die Sexualität von ihren »primitivistischen« Konnotationen aus dem 19. Jahrhundert entfernte. Nicht nur war Sprache mit einer neuen und bis dahin gar nicht in Verdacht geratenen Sexualität gesättigt (noch einmal sei an das Thema der Fehlleistungen und Versprecher erinnert), Sexualität selbst wurde nun eine sprachliche Angelegenheit, etwas, das unter Aufwand begrifflicher Klärung und Verbalisierung erreicht werden mußte.

Es gibt viele institutionelle und organisationelle Gründe für den außerordentlichen Erfolg der Psychoanalyse in Amerika. (So besaß zum Beispiel die zunehmend triangulär Struktur der amerikanischen Familie, die John Demos als »Treibhaus«-Familie bezeichnete, eine beträchtliche Nähe zur Freudschen Triangulationstheorie des Ödipus;[21] Freuds

20 Michel Foucault, *Wahnsinn und Gesellschaft. Eine Geschichte des Wahns im Zeitalter der Vernunft*, Frankfurt/M. 1969.

21 John Demos, »Oedipus and America. Historical Perspectives on the Reception of Psychoanalysis in the United States (1978)« sowie

Theorien befanden sich außerdem im Einklang mit der Suche nach Authentizität, die im Zentrum einer sich entwikkelnden, sehr intensiven Konsumkultur stand;[22] sie wurde von Mitgliedern des akademischen, medizinischen und literarischen Establishments rezipiert und verbreitet;[23] die institutionellen Grenzen zwischen Medizin und Populärkultur waren dünn, so daß Ärzte neue Ideen wie den Freudianismus popularisierten;[24] schließlich gab es eine hitzige Debatte zwischen einer wissenschaftlichen und einer spirituellen Medizin, die durch das Freudsche Paradigma versöhnt zu werden schien.[25]) Leider kann ich die Gründe für den großen Einfluß der Freudschen Ideen auf amerikanische Institutionen nicht ausführen. Nur so viel: Weil sich die Psychoanalyse in der einmaligen Situation befand, die spezialisierten Gebiete der Psychologie, der Neurologie, der Psychiatrie und der Medizin einerseits sowie der hohen und der niedrigen Kultur andererseits zu überbrücken, konnte sie in alle Poren der amerikanischen Kultur eindringen, in besonders auffälliger Weise in Filme und in die Ratgeberliteratur.

In den 20er Jahren des letzten Jahrhunderts war die Ratgeberliteratur, wie das Kino, eine aufkeimende Kulturindustrie, die sich als die stabilste Basis für die Ausbreitung psychologischer Ideen und die Ausarbeitung emotionaler Normen erwies. Ratgeberliteratur vereint eine ganze Reihe

ders., »History and the Psychosocial. Reflections on ›Oedipus and America‹«, in: Joel Pfister und Nancy Schnog (Hg.). *Inventing the Psychological. Toward a Cultural History of Emotional Life in America*, New Haven 1997, S. 63-83.

22 T. J. Jackson Lears, *No Place of Grace. Antimodernism and the Transformation of American Culture, 1880-1920*, Chicago 1994.

23 Edith Kurzweil, *The Freudians. A Comparative Perspective*, New Haven 1989.

24 Nathan Hale, *Freud and the Americans. The Beginnings of Psychoanalysis in the United States*, New York 1971; ders., *The Rise and Crisis of Psychoanalysis in the United States. Freud and the Americans, 1917-1985*, New York 1995.

25 Eric Caplan, *Mind Games. American Culture and the Birth of Psychotherapy*, Berkeley 1998.

von Anforderungen: Ihr Charakter muß, per definitionem, allgemein sein, das heißt, sie muß eine gesetzesförmige Sprache verwenden, die ihr Autorität verleiht und sie in die Lage versetzt, gesetzesförmige Aussagen zu fällen; sie muß die von ihr aufgenommenen Probleme variieren, um eine beständig konsumierbare Ware zu sein; darüber hinaus muß sie, will sie verschiedene Leserschichten mit je unterschiedlichen Werten und Sichtweisen ansprechen, a-moralisch sein, mithin also eine neutrale Perspektive auf Sexualität und auf das Führen sozialer Beziehungen entwerfen. Schließlich muß sie glaubhaft sein, das heißt, sie muß eine legitime Quelle haben. Die Psychoanalyse und die Psychologie waren Goldminen für die Ratgeberindustrie, weil sie diese mit der Aura der Wissenschaft umhüllten, weil sie beliebig individualisiert werden (also auf alle möglichen individuellen Eigenheiten zugeschnitten werden konnten) und eine breite Problempalette ansprechen und so eine Produktdiversifizierung ermöglichen konnten und weil sie den leidenschaftslosen Blick der Wissenschaft auf tabuisierte Themen anzubieten schienen. In dem Maße, in dem sich der Konsumgütermarkt ausweitete, sogen die Buchindustrie und die Frauenmagazine begierig eine Sprache auf, die sowohl Theorie als auch konkrete Geschichten, Allgemeines und Besonderes, Urteilsabstinenz und Normativität miteinander verbinden konnte. Auch wenn die Ratgeberliteratur sicher keinen direkten Einfluß auf ihre Leser hat, läßt sich doch sagen, daß die zentrale Rolle, die sie dabei spielte, ein Vokabular für das Selbst und für das Aushandeln sozialer Beziehungen zur Verfügung zu stellen, bislang nur unangemessen gewürdigt wurde. Sehr viel kulturelles Material gelangt zu uns in Form von Ratschlägen, Ermahnungen und Rezepturen à la »Wie Sie in sieben Tagen ...«. Berücksichtigt man, daß sich das moderne Selbst an zahlreichen sozialen Orten selbst erschafft, indem es sich unterschiedlicher kultureller Repertoires der Entscheidungsfindung bedient, dann wird die Ratgeberliteratur sicherlich wichtig für die Neubildung des Vokabulars gewesen sein, mit dessen Hilfe sich das Selbst versteht.

Die Neuausrichtung der unternehmerischen Vorstellungskraft

Anders als andere Experten und Berufszweige (etwa Juristen und Ingenieure) fingen die Psychologen langsam an, Sachkenntnis in so gut wie allen Bereichen – vom Militär bis zur Kindererziehung, vom Marketing bis zur Sexualität – zu beanspruchen;[26] die Ratgeberliteratur nutzten sie dabei, um diese allgemeine Berufung zu bestätigen. Mit fortschreitender Zeit fühlten sie sich folglich immer stärker dazu aufgefordert, andere durch eine Vielzahl von Problemen hindurchzuführen, etwa auf den Feldern der Bildung, des kriminellen Verhaltens, der Gerichtsgutachten, der Ehe, der Rehabilitationsprogramme im Strafvollzug, der Sexualität, der rassischen und politischen Konflikte, des ökonomischen Verhaltens und der soldatischen Kampfmoral.[27]

Nirgendwo war dieser Einfluß größer als im amerikanischen Unternehmen, in dem Psychologen Emotionen in Form einer radikal neuen Art des Produktionsverständnisses mit dem Bereich ökonomischen Handelns in Verbindung brachten. Die Zeit zwischen 1880 und 1920 wurde das goldene Zeitalter des Kapitalismus genannt, in dem das »Fabriksystem begründet, das Kapital zentralisiert, die Produktion standardisiert, die Organisationen bürokratisiert und die Arbeitskraft in große Firmen inkorporiert wurde«.[28] Am auffälligsten war der Aufstieg großer Korpora-

26 Ellen Herman, *The Romance of American Psychology. Political Culture in the Age of Experts*, Berkeley 1995.

27 Philip Cushman, *Constructing the Self, Constructing America. A Cultural History of Psychotherapy*, Boston 1995.

28 Yehouda A. Shenhav, *Manufacturing Rationality. The Engineering Foundations of the Managerial Revolution*, Oxford 1999, S. 20.

tionen, die Tausende, ja manchmal Zehntausende Arbeiter beschäftigten und so die Korporationen bürokratisch komplexer werden ließen und hierarchisch vereinheitlichten.[29] Um 1920 waren 86 Prozent aller Lohnempfänger in Fabriken angestellt.[30] Auffälliger noch war die Tatsache, daß die amerikanischen Unternehmen weltweit den größten Anteil an Verwaltungsangestellten besaßen (auf 100 in der Produktion Angestellte kamen 18 Verwaltungsangestellte).[31] Die Vergrößerung der Unternehmen ging einher mit der Konsolidierung der Management-Theorien, die darauf zielten, den Produktionsprozeß zu rationalisieren und systematisieren. Mehr noch, das Management-System verschob – oder genauer: multiplizierte – die Kontrollpunkte, die nun aus den Händen traditioneller Kapitalisten in die von Technokraten übergingen, die die Rhetorik der Wissenschaft, der Rationalität und der allgemeinen Wohlfahrt benutzten, um ihre Autorität zu etablieren. Man hat diese Transformation mit einer Machtübernahme durch Ingenieure in Verbindung gebracht, die als professionelle Klasse mit einer neuen Management-Ideologie auftraten. Diese Ideologie konzipierte den Arbeitsplatz als »System«, in dem die Individuen ausgelöscht und allgemeine Regeln und Gesetzmäßigkeiten zunächst formalisiert und dann auf den Arbeiter und den Arbeitsprozeß angewendet werden sollten.[32] Im Gegensatz zu den Kapitalisten, die häufig als gierig und egoistisch porträtiert wurden, erschien der Manager in der neuen Managementideologie als rational, verantwortlich und verläßlich sowie als Träger neuer Regeln der Standardisierung und Rationalisierung.[33] Die In-

29 Die Firmenbesitzer verdrängten zunehmend die Unternehmer, die bis dahin den Produktionsprozeß kontrolliert hatten, und gewannen so Kontrolle über die Arbeiter und die Einstellungs- und Entlassungspolitik.

30 Shenhav, *Manufacturing Rationality*, a.a.O.

31 Ebd., S. 206.

32 Ebd.

33 Ebd., S. 197.

genieure betrachteten Menschen als Maschinen und das Unternehmen als unpersönliches System, das es zu handhaben galt.

Diese Sichtweise übersieht jedoch eine wichtige Tatsache, die Tatsache nämlich, daß parallel zur Rhetorik des Ingenieurs oder in ihrem Gefolge ein anderer, von Psychologen vorangetriebener Diskurs entstand, der dem Individuum, der irrationalen Dimension der Arbeit und den Emotionen der Arbeiter große Aufmerksamkeit schenkte.[34] Vom Beginn des 20. Jahrhunderts an betrauten Manager Experimentalpsychologen mit der Aufgabe, nach Lösungen für das Problem der Disziplin und Produktivität innerhalb des Unternehmens zu suchen.[35] Um 1920 nahmen die Unternehmen zunehmend klinische Psychologen in Anspruch, die häufig der psychodynamischen Theorie Freuds anhingen, erfolgreich Soldaten rekrutiert und Kriegstraumata geheilt hatten und nun Richtlinien für die neuen Aufgaben des Managements formulieren sollten. Elton Mayo verdient dabei eine besondere Erwähnung, da es, in den Worten Alex Careys, »kaum eine Forschungsdisziplin gab, in der ein einzelnes Studiendesign oder ein einzelner Forscher und Autor ein Vierteljahrhundert lang einen so großen Einfluß ausgeübt hat wie Elton Mayo und die Hawthorne-Untersuchungen«.[36] Wo die Experimentalpsychologen, die der Human-Relations-Bewegung vorausgingen, behaupteten, moralische Qualitäten wie »Loyalität« oder »Verläßlichkeit« seien wesentliche Attribute der produktiven Persönlichkeit im Unternehmen, konzentrierten sich die berühmten Hawthorne-Experimente, die zwischen 1924 und 1927 durchgeführt

34 Selbst der berüchtigte Frederick Taylor war schockiert über die Wut vieler Fabrikarbeiter; siehe Peter N. Stearns, *American Cool. Constructing a Twentieth-Century Emotional Style*, New York 1994, S. 122.

35 Loren Baritz, *The Servants of Power. A History of the Use of Social Science in American Industry*, Middletown 1960.

36 Alex Carey, »The Hawthorne Studies. A Radical Criticism«, in: *American Sociological Review*, 32, 1967, S. 403-416.

wurden, in historisch beispielloser Weise auf die emotionalen Transaktionen als solche und konstatierten, daß sich die Produktivität erhöht, wenn in den Arbeitsbeziehungen auf die Gefühle der Arbeiter eingegangen wird. Mayo, der eine Ausbildung als Jungianischer Psychoanalytiker absolvierte, führte psychoanalytische Konzepte ins Innere der Arbeitswelt ein und verdrängte damit die viktorianische Rede vom »Charakter«.[37] Nur selten ist der therapeutische Zug der Mayoschen Intervention in die Unternehmenswelt bemerkt worden. So hatte zum Beispiel die von Mayo ersonnene Interview-Methode *alle* Eigenschaften (den Namen ausgenommen) eines therapeutischen Gesprächs. Genau so präsentierte Mayo jedenfalls den verstimmten Arbeitern bei *General Electric* seine Interviewmethode.

«Die Arbeiter wollten selbst reden, und zwar ganz ohne Hemmungen unter dem Siegel der Verschwiegenheit (das niemals verletzt wurde) und zu jemandem, der das Unternehmen zu repräsentieren oder in seiner ganzen Haltung eine Autoritätsperson zu sein schien. Der Versuch an sich war ungewöhnlich; es gibt nur wenige Menschen auf dieser Welt, denen es gelungen ist, jemanden ausfindig zu machen, der klug, aufmerksam und engagiert all dem ohne Unterbrechung zuhört, was er oder sie zu sagen hat. Um das letzte überhaupt zu erreichen, war es notwendig, den Interviewern beizubringen, wie man zuhören muß, wie man es vermeidet, zu unterbrechen oder Ratschläge zu geben, und wie man ganz allgemein allem aus dem Wege geht, was im Einzelfall eine freie Aussprache behindern könnte. Es wurden

37 Warren Susman (*Culture as History. The Transformation of American Society in the Twentieth Century*, New York 1984) hat diesen Übergang von einer charakterorientierten Gesellschaft zu einer persönlichkeitsorientierten Kultur dokumentiert. Er zeigt, daß die Betonung der Persönlichkeit Ursprünge im Unternehmen hatte und daß die kulturellen Interventionen der Psychologen die »Persönlichkeit« in etwas verwandelten, womit sich »spielen« ließ, was »bearbeitet« und manipuliert werden konnte.

daher einige Leitsätze festgelegt, die den Interviewern als Richtlinien dienten. Sie lauteten mehr oder weniger wie folgt:

1. Wenden Sie Ihre ganze Aufmerksamkeit der Person zu, mit der Sie sprechen, und machen Sie deutlich, daß Sie genau das tun.
2. Sprechen Sie nicht, sondern hören Sie zu.
3. Streiten Sie sich nicht; geben Sie keine Ratschläge.
4. Passen Sie darauf auf:
   a) was er sagen will,
   b) was er nicht sagen will,
   c) was er nicht ohne Hilfen sagen kann.
5. Machen Sie sich beim Zuhören versuchsweise und unbeschadet späterer Abänderungen ein Bild von dem Menschen, der vor Ihnen sitzt. Um dieses Bild zu überprüfen, fassen Sie von Zeit zu Zeit das, was er gesagt hat, zusammen und geben Sie ihm Gelegenheit, sich noch deutlicher auszudrücken (zum Beispiel: ›Habe ich Sie so richtig verstanden?‹). Stellen Sie solche Fragen nur mit größter Vorsicht, und dann ausschließlich, um das Bild klarer zu machen, nicht aber, um etwas hinzuzufügen oder etwas abzuändern.
6. Denken Sie daran, daß alles, was Ihnen gesagt wird, vertraulich zu behandeln ist und nicht weitererzählt werden darf.«[38]

Ich persönlich kenne keine bessere Definition des therapeutischen Interviews. Wie das Zitat zeigt, geht es um das Hervorrufen unzensierter Rede und Emotionen sowie darum, Vertrauen aufzubauen. Mayo schien dabei zufällig auf die Relevanz von Emotion, Familie und enger Bindung zu stoßen, in Wirklichkeit aber importierte er bloß therapeutische

38 Elton Mayo, *The Social Problems of an Industrial Civilization*, London 1949 (dt. *Probleme industrieller Arbeitsbedingungen*, Frankfurt/M. 1949, S. 115 f.; alle Übersetzungen aus dieser Ausgabe wurden leicht korrigiert, Anm. d. Übers.).

Kategorien in den Bereich der Arbeit. Eine Analyse der von Mayo untersuchten Fälle ist erhellend, weil sie einerseits zeigt, in welcher Weise sein Umgang mit Konflikten am Arbeitsplatz von psychologischen Methoden geprägt ist, und andererseits deutlich macht, wie seine Methoden emotionale Rede und den Geist der Familie im Innern der Arbeitssphäre hervorrufen konnten. So wurden die von Mayo enträtselten Probleme weiblicher Arbeitskräfte als emotional und als Abbild der Familiengeschichte konstruiert. Eine Arbeiterin beispielsweise kam »im Verlauf einer Befragung darauf, daß sie einen bestimmten Abteilungsleiter deshalb nicht leiden mochte, weil er ihrem verhaßten Stiefvater merkwürdig ähnlich sah. Es nimmt nicht wunder, daß der gleich Abteilungsleiter den Interviewer mit dem Hinweis gewarnt hatte, daß die Arbeiterin ›schwierig zu behandeln‹ sei«.[39] In einem anderen Fall konnte der Interviewer zeigen, daß die Produktivität einer Frau sank, weil ihre Mutter sie bedrängt hatte, eine Lohnerhöhung einzufordern: »Sie sprach mit dem Interviewer über diese Angelegenheit, und es wurde klar, daß für sie eine Lohnerhöhung die Trennung von ihren täglichen Arbeitskameradinnen und Mitarbeiterinnen bedeuten würde. Obwohl von keiner unmittelbaren Bedeutung, ist es doch interessant zu bemerken, daß sie, nachdem sie ihre Lage bis ins Einzelne dem Interviewer geschildert hatte, nun auch in der Lage war, ihren Fall leidenschaftslos ihrer Mutter vorzulegen. [...] Die Mutter verstand sie sofort und drängte sie nicht mehr, woraufhin das Mädchen ihre Arbeit wieder aufnahm. Dieses letzte Beispiel zeigt einen Weg, wie eine Befragung emotionale Blockaden, die im Kommunikationsprozeß auftauchen, öffnet – gleich, ob diese innerhalb oder außerhalb des Werkes zu suchen sind«.[40] Man bemerke, wie die Familienbande auf ganz natürliche Weise in den Arbeitsprozeß integriert werden und wie der Ausdruck »emotionale Blockade« im späteren

39 Ebd., S. 69 (dt. S. 122).
40 Ebd., S. 72 (dt. S. 127).

Beispiel die Rolle der Affekte und psychoanalytische Vorstellungsmuster mitten im Zentrum der Arbeits- und Produktivitätsbeziehungen verankert. Die Sprache der Emotionalität und die der produktiven Effizienz vermischen sich und formen einander.

Elton Mayo hat die Management-Theorien revolutioniert, weil er in dem Augenblick, in dem er die moralische Sprache des Selbst in die leidenschaftslose Terminologie der wissenschaftlichen Psychologie übersetzen konnte, die bis dahin vorherrschende, von Ingenieuren ausgehende Rhetorik der Rationalität durch ein neues Vokabular »menschlicher Beziehungen« (human relations) ersetzte. Der Vorschlag, Konflikte nicht als Kampf um knappe Ressourcen, sondern als Ergebnis verknoteter Emotionen, problematischer Persönlichkeitsstrukturen und ungelöster psychologischer Spannungen zu deuten, versetzte Mayo in die Lage, eine diskursive *Kontinuität zwischen Familie und Arbeitsplatz* herzustellen, und verankerte so psychoanalytische Vorstellungsmuster im Herzen der Rede von ökonomischer Effizienz. Mehr noch, ein guter Manager zu sein hieß zunehmend, die Eigenschaften eines guten Psychologen anzunehmen. Es wurde notwendig, die komplexe emotionale Natur der sozialen Transaktionen am Arbeitsplatz zu verstehen, um gefaßt auf sie zu reagieren. Artikulieren Arbeiter etwa eine gewisse Unzufriedenheit, dann sollen nach Mayos Vorschlag die Manager ihrer Wut Gehör schenken, was allein schon dazu beitragen würde, diese Wut abzuschwächen.

Interessanter aber ist ein anderer, bislang kaum bemerkter Umstand: Bei seinen Untersuchungen im Werk von *General Electric* hat Mayo nur Frauen befragt, so daß seine Ergebnisse, und zwar ohne daß Mayo das bemerkt hätte, einen geschlechtsspezifischen Einschlag haben. Wenn also, wie viele Feministinnen annehmen, den meisten unserer kulturellen Kategorien Maskulinität eingeschrieben ist, dann veranschaulichen Mayos Ergebnisse das Gegenteil, nämlich die Feminisierung »universaler« Ansprüche. Mayo verwendet eine weibliche, auf Gesprächen und Emotionskommunikation beruhende Methode, um die Probleme von weiblichen Probandinnen in einem amerikanischen Unternehmen zu entschlüsseln, Probleme, die auf grundlegende Weise interpersonaler und emotionaler Natur sind. So behauptet Mayo, daß die Arbeiter nach den Untersuchungen seines Teams produktiver geworden seien, weil sie sich, so seine hypothetische Annahme, wichtig und hervorgehoben fühlten, weil sie gute zwischenmenschliche Beziehungen etablierten und dadurch auch eine angenehmere Arbeitsatmosphäre schaffen konnten. Mayo hat die begrifflichen Mittel der Psychologie auf Frauen angewandt und auf der Grundlage seiner Resultate ungewollt einen Prozeß initiiert – den zahlreiche Organisationsberater im Gefolge Mayos weiterführten –, in dessen Rahmen einzelne Aspekte der weiblichen emotionalen Erfahrung und Individualität in die neuen Richtlinien des Managements menschlicher Beziehungen in der modernen Arbeitswelt Eingang fanden. Dadurch hat er auch einen wesentlichen Beitrag zur Neudefinition von Maskulinität am Arbeitsplatz geliefert.

Aber mehr noch: Die neue Deutung der Emotionen hat den Charakter des Facharbeiters verwandelt. So schreibt die Sozialhistorikerin Stephanie Coontz: »Die Qualifikationen, die Männern jetzt in der Industrie abverlangt wurden, könnten fast als typisch ›weiblich‹ charakterisiert werden: Gefordert waren Takt, Bereitschaft zur Team-Arbeit und zur Unterordnung unter fremde Entscheidungskompetenz. Die neue Bestimmung dessen, was als männlich anzusehen sei, die um die Jahrhundertwende erforderlich wurde, stand nicht mehr in direktem Zusammenhang mit dem Arbeitsprozeß.«[41] Seit 1920 mußten die Manager unter dem Ein-

41 Stephanie Coontz, *The Social Origins of Private Life. A History of American Families, 1600-1900*, New York 1988, S. 339 (dt. *Die Entstehung des Privaten. Amerikanisches Familienleben vom 17. bis zum ausgehenden 19. Jahrhundert*, Münster 1994, S. 378).

fluß neuer Management-Theorien – und ohne sich darüber im klaren zu sein – traditionelle Definitionen der Maskulinität modifizieren, um sich so die sogenannten weiblichen Attribute anzueignen, also etwa die Fähigkeiten, auf die Emotionen anderer zu achten, die eigene Wut zu kontrollieren und anderen wohlwollend zuzuhören. Diese neue Art der Maskulinität war nicht ohne Widersprüche, da sie die Zuschreibung von Feminität abwehren sollte, andererseits aber dem bewußten weiblichen Achtgeben auf die eigenen Emotionen und die Emotionen anderer näher stand, als das jemals zuvor in industriellen Betrieben der Fall war.

Wo also die emotionale Kultur des viktorianischen Zeitalters Frauen und Männer durch die Trennung des Privaten vom Öffentlichen separierte, verschob und zersetzte die therapeutische Kultur des 20. Jahrhunderts ganz langsam diese Grenze, indem das emotionale Leben für den Arbeitsplatz zentral wurde.

Ein neuer emotionaler Stil

Die Sprache der Psychologie war enorm erfolgreich in ihrer Einflußnahme auf das unternehmerische Selbst, da es ihr gelang, die Transformationen des kapitalistischen Arbeitsplatzes zu verstehen und sie zugleich neue Formen der Konkurrenz und Hierarchie naturalisierte, die zwar als solche dem psychologischen Interesse äußerlich waren, aber trotzdem zunehmend seiner Kodifizierung unterlagen. In dem Maße, in dem die Unternehmen größer wurden und eine größere Schicht von Managern zwischen den Angestellten und der Betriebsleitung produzierten, in dem Maße auch, in dem sich Amerika – auf dem Weg zur sogenannten postindustriellen Gesellschaft – in eine Dienstleistungsökonomie verwandelte, bot sich ein hauptsächlich an Personen, Interaktionen und Emotionen orientierter wissenschaftlicher Diskurs geradezu als Mittel an, um die Sprache der

Identität am Arbeitsplatz zu prägen. Vor dem Hintergrund des Aufstiegs moderner Berufe war der psychologische Diskurs enorm erfolgreich, weil er eine Sprache – der Personen, Emotionen und Motivationen – anbot, die die großflächigen Transformationen der amerikanischen Arbeitswelt verständlich machen konnte.[42] Was sich hier ereignete, läßt sich auch mit Karl Mannheim beschreiben, der in seiner klassischen Studie *Ideologie und Utopie* davon ausgeht, daß Menschen nicht als »isolierte Individuen«, sondern »in bestimmten Gruppen« denken. Der Denkstil dieser Gruppen, so Mannheim weiter, bestehe aus einer *»endlosen Reihe von Reaktionen auf gewisse typische, für ihre gemeinsame Position charakteristische Situationen«*.[43] Weil die Führungsschichten der Unternehmen anfingen, eine Orientierung an Personen und an Waren zu fordern, und weil das Unternehmen nach Koordination und Kooperation verlangte, wurde das Management des Selbst in der Unternehmenswelt zu einem »Problem«. Die Rezession der späten 20er Jahre des letzten Jahrhunderts und der mit ihr einhergehende steile Anstieg der Arbeitslosigkeit ließen die Arbeit unsicherer werden.[44] Diese Unsicherheit wiederum gebar die Anlehnung an die Theorien der Experten. Die Psychologen handelten als »Wissensspezialisten«, die Ideen und Methoden entwickelten, um die menschlichen Beziehungen zu verbessern und auf diese Weise die Wissensstrukturen und Bewußtseinsformen der Laien zu verändern. Darüber hinaus kam die Sprache der Psychologie den Interessen der Manager und Unternehmensbesitzer in besonderer Weise entgegen: Weil die Psychologen alle Probleme in die wei-

42 Andrew Abbott, *The System of Professions. An Essay on the Division of Expert Labor*, Chicago 1988; James H. Capshew, *Psychologists on the March. Science, Practice, and Professional Identity in America, 1929-1969*, Cambridge 1999.

43 Karl Mannheim, *Ideologie und Utopie*, Frankfurt/M. 1985, S. 5, Hervorhebung E.I.

44 Michael Kimmel, *Manhood in America. A Cultural History*, New York 1995.

che Sprache von Emotion und Persönlichkeit kleideten, schienen sie nicht weniger zu versprechen als die Mehrung der Profite, die Bekämpfung von Arbeitsunruhen, den friedlichen Ausgleich zwischen Managern und Arbeitern sowie die Neutralisierung der Klassenkämpfe. Aus der Sicht der Arbeiter war die Sprache der Psychologie attraktiv, war sie doch demokratischer, da sie gute Unternehmensführung nun eher von der Persönlichkeit und vom verständnisvollen Umgang mit anderen abhängig machte als von angeborenen Privilegien oder sozialen Positionen. Schließlich mußten sich die Arbeiter im alten System der Arbeiterkontrolle »in Angelegenheiten der Einstellung und Entlassung, der Bezahlung, Förderung und Arbeitslast der Autorität der Vorarbeiter unterordnen. Die meisten Vorarbeiter benutzten dabei eine Art ›Treibjagdsystem‹, also eine Methode, die strikte Überwachung und verbale Beleidigungen beinhaltete«.[45] Während die meisten Soziologen den frühen Gebrauch der Psychologie innerhalb des Unternehmens als eine neue Form der untergründigen und damit um so mächtigeren Kontrolle ansahen, möchte ich demgegenüber behaupten, daß sie anziehend auf die Arbeiter wirkte, weil sie die machtverzerrten Beziehungen zwischen Managern und Arbeitern demokratisierte und den Glauben erzeugte, die eigene Persönlichkeit sei – unabhängig vom sozialen Status – der Schlüssel des sozialen und unternehmerischen Erfolgs. So hat der Diskurs der Psychologie eine neue Form des sozialen Umgangs und der Emotionalität konstruiert, an deren Basis sich zwei zentrale kulturelle Motive befinden: das der Gleichheit und das der Kooperation. Zum einen nämlich wurden nun Beziehungen zwischen Menschen geformt, die der Annahme nach gleich waren; zum anderen war das Ziel dieser Beziehungen eine Kooperation, die die Arbeit effizienter machen sollte. Diese beiden Annahmen über Gleichheit und Kooperation übten nun einen neuen Druck auf die Gestaltung der sozialen Beziehungen im In-

45 Shenhav, *Manufacturing Rationality*, a.a.O., S. 21.

nern des Unternehmens aus, einen Druck, den man nicht mit »falschem Bewußtsein«, »Überwachung« oder »Ideologie« gleichsetzen kann.

Die kommunikative Ethik als Geist des Unternehmens

Die Psychologen haben neue Verhaltensmodelle erarbeitet, indem sie neue Gegenstände der Analyse schufen, ein Prozeß, der wiederum eine breite Palette an Instrumenten, Praktiken und Institutionen mobilisierte. Die unterschiedlichen Theorien, die von Populärpsychologen in ihren Management-Ratgebern von 1930 bis 1970 erarbeitet wurden, hatten stets ein zentrales kulturelles Modell als verbindenden Fokus: das Modell der »Kommunikation«. Soziologen haben sich so sehr daran gewöhnt, »Kommunikation« mit Habermas in Verbindung zu bringen, daß sie vergessen haben, in welchem Maße die Idee und das kulturelle Ideal der Kommunikation bereits seit Jahrzehnten in der Management-Literatur kursierte. Die therapeutische Idee der »Kommunikation« bezeichnet die emotionalen, linguistischen und letztlich persönlichen Eigenschaften, die ein guter Manager und ein kompetentes Unternehmensmitglied braucht. Der Begriff der Kommunikation – und dessen, was ich fast als »kommunikative Kompetenz« bezeichnen möchte – ist ein herausragendes Beispiel für das, was Foucault »episteme« genannt hat: ein neuer Gegenstand des Wissens, der seinerseits neue Wissensinstrumente und Wissenspraktiken produziert.[46] Foucault untersuchte aber nicht – und konnte das vor dem Hintergrund seiner theoretischen Prämissen vielleicht auch nicht –, was die Menschen tatsächlich mit bestimmten Wissensformen *getan haben*, wozu diese Wissensformen in konkreten sozialen Beziehungen »gut« waren. Anders als Foucaultsche Analysen, die psychologische Bedeutungen und Praktiken unter die Titel

46 Michel Foucault, *Archäologie des Wissens*, Frankfurt/M. 1973.

»Disziplin«, »Überwachung« und »Gouvernementalität« bringen, schlage ich also einen pragmatistischen Zug vor,[47] der uns Auskunft darüber gibt, was die Menschen de facto mit ihrem Wissen tun, wie sie Bedeutungen herstellen, die in unterschiedlichen Kontexten und sozialen Sphären »funktionieren«.[48]

Das linguistische Modell der Kommunikation ist ein kulturelles Werkzeug und Repertoire, das dazu beiträgt, die Akteure untereinander und in sich selbst zu koordinieren, das heißt Verhältnisse zwischen Menschen zu koordinieren, die vorgeblich gleich und mit gleichen Rechten ausgestattet sind; darüber hinaus soll es den komplexen kognitiven und emotionalen Apparat koordinieren, der zu dieser Aufgabe nötig ist. Kommunikation wird so zu einer Technologie des Selbst-Managements, die sich mit dem Ziel der Herstellung einer inter- und intraemotionalen Koordination in großem Maße auf Sprache und auf ein geeignetes Management der Emotionen stützt.

Folgt man der Populärpsychologie und ihrem Imperativ der Kommunikation, dann ist die erste Pflicht eines guten Managers, sich selbst »objektiv« zu evaluieren, um so zu

47 »Der Hauptzug dieser ›pragmatistischen Soziologie‹ besteht darin, Annahmen des amerikanischen Pragmatismus (in sehr unterschiedlichen Dosierungen) anzunehmen: Die Ablehnung der Hypostasierung und Verdinglichung sozialer Phänomene; Pluralismus; Agnostizismus; den Begriff der Kontinuität zwischen alltäglichem und soziologischem Wissen (im Gegensatz zum ›epistemologischen Bruch‹ Bachelards). Einige Wendungen wie ›den Akteuren folgen‹ oder ›soziale Phänomene in Aktion beobachten‹ dienen als Erkennungszeichen dieser Soziologen.« Cyril Lemieux, »New Developments in French Sociology«, unpubliziertes Manuskript.

48 John Dewey, *The Quest for Certainty. A Study of the Relation of Knowledge and Action*, New York 1929 (dt. *Die Suche nach Gewißheit. Eine Untersuchung des Verhältnisses von Erkenntnis und Handeln*, Frankfurt/M. 1998); Hans Joas, *Pragmatismus und Gesellschaftstheorie*, Frankfurt/M. 1999; Ann Warfield Rawls, »Durkheim and Pragmatism. An Old Twist on a Contemporary Debate«, in: *Sociological Theory*, 15:1, 1997, S. 5-29.

verstehen, wie andere einen sehen, was wiederum eine ziemlich komplexe Form der Introspektion verlangt. Unzählige Ratgeber für »erfolgreiche« Führungskräfte empfehlen eine Art Meadschen Umgang mit sich, was darauf hinausläuft, das eigene Selbstbild mit dem Bild zu vergleichen, das andere von einem haben. Um nur einen Ratgeber zu zitieren: »Ohne den Trainingskurs im Management [ein Kommunikationsworkshop] wäre Mike mit seiner Karriere vermutlich nicht vorangekommen. Nicht, weil ihm die Fähigkeit abgegangen ist, sondern *weil er nicht verstanden hat, daß er anderen einen falschen Eindruck von sich vermittelt.*«[49] Die Ratgeberliteratur für erfolgreiches Management macht Erfolg von der Fähigkeit abhängig, sich selbst gleichsam von außen zu sehen, um auf diese Weise die eigene Wirkung auf andere zu kontrollieren. Diese neue Gewandtheit im Umgang mit der eigenen Erscheinung impliziert allerdings nicht einen kalten oder zynischen Zugang zu anderen. Im Gegenteil: Das reflexive Meadsche Selbst ist aufgefordert, die Fähigkeit zur Empathie und Sympathie zu entwickeln. So schrieb Dale Carnegie in seinem äußerst erfolgreichen Buch *Wie man Freunde gewinnt*: »Wenn Sie aus der Lektüre dieses Buches nur das eine lernen, daß Sie zunächst einmal auch den Standpunkt des anderen zu begreifen suchen, so hat es schon seinen Hauptzweck erfüllt.«[50]

Empathie – das Vermögen, sich mit der Sichtweise des anderen und mit seinen Gefühlen zu identifizieren – ist zugleich eine emotionale und symbolische Kompetenz, da es zu ihren Voraussetzungen gehört, komplizierte Hinweise am Verhalten des anderen zu entziffern. Um ein guter Kommunikator zu sein, muß man das Verhalten und die Emotionen der anderen interpretieren können. Wer ein guter

49 David Fontana, *Social Skills at Work*, Leicester 1990, S. 23, Hervorhebung von Fontana.

50 Dale Carnegie, *How to Win Friends and Influence People*, New York 1937, S. 218 (dt. *Wie man Freunde gewinnt*, Zürich 1938, S. 212).

Kommunikator sein will, muß also seine emotionalen und kognitiven Kompetenzen in anspruchsvoller Weise koordinieren: Man kann sich nur dann erfolgreich in andere hineinversetzen, wenn man das komplexe Netz von Zeichen und Signalen gemeistert hat, hinter dem andere ihr Selbst zugleich verstecken und offenbaren. Viele Ratgeber lesen sich dementsprechend wie Handbücher der Semiotik, mit Titeln wie »Zeichen und Signale«, »Wie man Zeichen und Hinweise identifizieren kann« oder »Die Bedeutung hinter den Worten«.[51]

In diesem Sinne geht das Ichbewußtsein mit der Aufforderung einher, sich mit anderen zu identifizieren und ihnen zuzuhören. Ich zitiere als Beispiel eine Internetseite, die kommunikative Kompetenzen vermitteln will: »Gute kommunikative Kompetenzen verlangen nach einem hohen Maß an Ichbewußtsein. Wenn du deinen persönlichen Kommunikationsstil kennst, bist du in deinem Bemühen schon weit vorangeschritten, auf andere einen guten und nachhaltigen Eindruck zu machen. Dir klar zu machen, wie andere dich sehen, hilft dir dabei, dich leichter auf ihre Kommunikationsstile einzulassen. Nicht, daß du ein Chamäleon sein sollst, das sich mit jeder Persönlichkeit, die dir begegnet, ändert. Nein, andere werden sich wohler in deiner Gegenwart fühlen, wenn du bestimmte Verhaltensformen auswählst und hervorhebst, die zu deiner Persönlichkeit passen und anderen entgegenkommen. Hältst du dich daran, wirst du ein aktiver Zuhörer werden.«[52]

Das Zuhörenkönnen oder das Vermögen, die Intentionen und Bedeutungen der anderen widerzuspiegeln, gilt als wesentlich für die Fähigkeit, Konflikte zu vermeiden und Kooperationsketten aufzubauen. Anderen zuhören zu können erzeugt das, was der Philosoph Axel Honneth »Anerkennung« nennt oder »das positive Verständnis« seiner selbst.

51 Charles J. Margerison, *Conversation Control Skills for Managers*, London 1987.

52 http://www.mindtools.com/CommSkll/CommunicationIntro.htm

Weil das »normative Selbstbild eines jeden Menschen«, so Honneth weiter, »[...] auf die Möglichkeit der steten Rückversicherung im Anderen angewiesen ist«, impliziert Anerkennung ein Bestärken der Positionen und Ansprüche des anderen, und zwar sowohl auf der kognitiven als auch auf der emotionalen Ebene.[53]

Um eine weitere Internetquelle zu zitieren: »Die Technik des aktiven Zuhörens[54] [...] erfüllt verschiedene Funktionen. Zum einen läßt der Zuhörer zu, daß der andere seinen Emotionen freien Lauf läßt. Der Sprecher fühlt sich erhört, Spannung kann abgebaut werden. Die Körperhaltung des Zuhörers und seine Gestik, man denke an das Kopfnicken, vermitteln dem Sprecher den Eindruck, gehört zu werden. Seine Gefühle werden vom Zuhörer zurückgespiegelt (zum Beispiel in Sätzen wie ›Es war also wirklich wichtig für Dich, daß ...‹). Er wiederholt oder paraphrasiert, was der Sprecher gesagt hat, um gemeinsam mit ihm den genauen Sinn seiner Äußerungen zu bestimmen. Dann stellt er klärende Fragen, um weitere Informationen zu erhalten. Die Funktion Sprechen-Zuhören ist besonders wichtig in Konfliktlösungsprozessen, ein Sachverhalt, der noch an Relevanz gewinnt, wenn eine kontinuierliche Beziehung zwischen den Parteien nötig ist, ob es sich nun um Eltern handelt, die sich scheiden lassen, oder um ethnische Gemeinschaften in Bosnien.«[55]

«Kommunikation« fördert Techniken und Mechanismen der »sozialen Anerkennung«, indem sie Normen und Techniken schafft, um die Gefühle anderer zu akzeptieren, zu bestätigen und anzuerkennen. Das letzte Zitat macht auch deutlich, daß solche der sozialen Anerkennung förderlichen Techniken des sozialen Umgangs als Fähigkeit in einer gan-

53 Axel Honneth, *Kampf um Anerkennung. Zur moralischen Grammatik sozialer Konflikte*, Frankfurt/M. 1992, S. 212.

54 Der Text verweist auf William W. Wilmot und Joyce L. Hocker, *Interpersonal Conflict*, Dubuque 1991, S. 239.

55 http://www.colorado.edu/conflict/peace/treatment/commimp.htm

zen Reihe von sozialen Bereichen anwendbar sind, also sowohl im häuslichen als auch im politikvermittelten internationalen Bereich. Kommunikation ist folglich ein kulturelles Repertoire, das Kooperation fördern, Konflikte lösen oder verhindern und das eigene Selbstverständnis stützen soll. Im gleichen Augenblick also, in dem die sozialen Interaktionen am Arbeitsplatz dem Selbst zunehmend abverlangen, seine authentische Innerlichkeit zu inszenieren (in Form von Emotionen und Bedürfnissen), etabliert der therapeutische Diskurs einen Mechanismus der sozialen Anerkennung, durch den sich das derart exponierte Selbst schützen läßt. So ist Kommunikation ein Weg, um einen Modus des sozialen Umgangs zu definieren, in dessen Rahmen ein stets zerbrechliches Selbstverständnis stabilisiert werden muß. Kommunikation definiert auf diese Weise eine neue Form der sozialen Kompetenz, in der das emotionale und linguistische Selbstmanagement darauf zielt, Muster sozialer Anerkennung zu etablieren.

Doch die Dinge liegen komplizierter. Kommunikation ist ein ungreifbarer soziologischer Kentaur. Sie wird aus strategischen Gründen gerechtfertigt, weil man annimmt, sie ermögliche das Erreichen und Sichern eigener Ziele. Gleichwohl hat der Erfolg der eigenen strategischen Ziele die Implementation einer Dynamik der Anerkennung zur Voraussetzung. Es ist diese emotionale, linguistische und letztlich soziale Kompetenz, die vorgeblich dabei hilft, den Erfolg im Unternehmen zu erzielen.

In gewisser Weise wirkt es so, als wäre es den Psychologen gelungen, die beiden scheinbar unvereinbaren Aspekte der Philosophie Adam Smiths – dargelegt in seiner *Theorie der ethischen Gefühle* und in *Der Wohlstand der Nationen* – zu versöhnen. Wer in der Lage ist, die Fähigkeit der Empathie und des Zuhörenkönnens zu kultivieren, der, so die Annahme, fördert zugleich seine eigenen Interessen und seine berufliche Kompetenz. Die berufliche Kompetenz wiederum definiert sich über emotionale Termini, mithin durch das Vermögen, andere anzuerkennen und ihnen mit Empathie zu begegnen. Eine derartige Fähigkeit, soziale Bande zu knüpfen, wird mittlerweile mit echter professioneller Kompetenz in eins gesetzt.[56]

Der Begriff und die Praxis der Kommunikation, die ursprünglich sowohl als Technik als auch als Ideal der Selbstdefinition präsentiert wurden, charakterisieren nun sogar das »ideale« Unternehmen. Der Gigant Hewlett Packard etwa präsentiert sich so: »HP ist ein Unternehmen, durch das der Geist der Kommunikation weht, der Geist der Verknüpfung, ein Unternehmen, in dem die Menschen miteinander kommunizieren und auf andere zugehen. Es ist eine affektive Beziehung.«[57] Um meine These weiter zu stützen, wonach Kommunikation mittlerweile das Selbstverständnis der Unternehmen definiert, kann ich auch eine weitere Internetseite zitieren: »Eine aktuelle Umfrage in Personalabteilungen von Unternehmen mit mehr als 50 000 Beschäftigten nennt kommunikative Kompetenzen als wesentlichsten Faktor bei der Auswahl von Managern. Die Umfrage, die von der Katz Business School der University of Pittsburgh geleitet wurde, weist darauf hin, daß kommunikative Kompetenzen, zu denen schriftliche und mündliche Präsentationstechniken, aber auch die Fähigkeit, mit anderen zu arbeiten, gehören, der Hauptfaktor für beruflichen Erfolg sind.«[58]

Es gibt viele Gründe, weshalb Kommunikation für die Definition des unternehmerischen Selbstverständnisses so wichtig geworden ist. In dem Maße, in dem die Demokratisierung der sozialen Beziehungen eine gewandelte normative Struktur implizierte, mußten prozedurale Regeln

56 Siehe Valerie Brunel, »Le ›Développement Personnel‹. De la Figure du Sujet à la Figure du Pouvoir dans l'Organisation Liberale«, unpubliziertes Manuskript.

57 Nicole Aubert und Vincent de Gaulejac, *Le coût de l'excellence*, Paris 1991, S. 148.

58 http://www.mindtools.com/CommSkll/CommunicationIntro.htm

etabliert werden, die den zunehmenden hierarchischen Charakter ökonomischer Organisationen mit der wachsenden Demokratisierung der sozialen Beziehungen versöhnen konnten. Berücksichtigt man darüber hinaus, daß berufliche Kompetenz und Leistung immer stärker als Ergebnis und Spiegel des echten und wahren Selbst konstruiert wurden, wird verständlich, weshalb »Anerkennung« eine zentrale Relevanz gewann: Es waren nun nicht nur Fähigkeiten, sondern »ganze Personen«, die in den Arbeitsprozeß involviert waren und in ihm bewertet wurden. Schließlich hat die wachsende Komplexität der ökonomischen Umwelt, der immer schnellere Wandel der Technologien und die damit einhergehende beschleunigte Entwertung spezifischer Fähigkeiten die Kriterien des Erfolgs ins Schwimmen gebracht und sogar widersprüchlich werden lassen, so daß das Selbst sich in dem Maße überfordert fühlte, in dem es allein verantwortlich für die Bewältigung der Unsicherheiten und Spannungen der Arbeitswelt wurde. So ist Kommunikation zu einer emotionalen Fähigkeit geworden, mit deren Hilfe man sich in einer von Ungewißheit und konfligierenden Imperativen geprägten Umwelt zurechtfinden konnte und die darüber hinaus koordinations- und anerkennungswirksame Techniken der Zusammenarbeit mit anderen zur Verfügung stellte.[59]

Die ökonomische Sphäre war also alles andere als emotionsfrei; im Gegenteil, sie war emotionsgesättigt, wobei die Emotionen durch den Imperativ der Kooperation und einen auf »Anerkennung« basierenden Konfliktlösungsmodus nötig wurden. Weil der Kapitalismus Netzwerke der Interdependenz verlangte und schuf und so Emotionen in den Kernbereich seiner Transaktionen ziehen konnte,[60] bewirkte er auch eine Entstrukturierung genau der Geschlechtsiden-

59 Jack Z. Bratich, Jeremy Packer und Cameron McCarthy (Hg.), *Foucault, Cultural Studies, and Governmentality*, Albany 2003.

60 Norbert Elias, *Über den Prozeß der Zivilisation*, 2 Bände, Frankfurt/M. 1976.

titäten, die er selbst zunächst herbeigeführt hatte. Mit Hilfe der Aufforderung, unsere mentalen und emotionalen Kompetenzen einzusetzen, um uns mit dem Standpunkt der anderen zu identifizieren, bewegt das »kommunikative Ethos« das Selbst des Managers auf das Modell eines traditionellen weiblichen Selbstverständnisses zu. Genauer: Das Ethos der Kommunikation verwischt Geschlechtergrenzen, weil es Männer und Frauen dazu einlädt, ihre negativen Emotionen zu kontrollieren, freundlich zu sein, sich durch die Augen der anderen zu sehen und ihnen mit Empathie zu begegnen. Ein Beispiel: »In beruflichen Beziehungen müssen Männer nicht immer mit ›harten‹ männlichen Eigenschaften und Frauen mit ›weichen‹ verbunden werden. Männer können und sollen genau wie Frauen Sensibilität und Anteilnahme [...] sowie die Fähigkeit zur Kooperation und Überredung beherrschen; Frauen wiederum sollten wie Männer Selbstbehauptung, Führungskraft sowie die Fähigkeit zu konkurrieren und zu lenken beherrschen ...«[61] Der emotionale Kapitalismus hat die emotionalen Kulturen neu geordnet, indem er das ökonomische Selbst emotionaler und die Emotionen instrumenteller machte.

Natürlich will ich nicht sagen, daß die Aufforderungen und Hinweise der Ratgeberliteratur das Unternehmensleben direkt beeinflußt oder auf wundersame Weise die harte und oft brutale Realität der Unternehmenswelt mit ihrer männlichen Dominanz zum Verschwinden gebracht haben. Ich will allerdings schon behaupten, daß die neuen, von zahlreichen Psychologen und Beratern für das Management und die *Human Relations* formulierten Modelle der Emotionalität untergründig und stetig die Modi und Modelle sozialer Beziehungen in der Arbeitswelt der Mittelschichten verändert und auch die kognitiven und praktischen emotionalen Grenzen der Geschlechterregulation verschoben haben. Nimmt man also die Perspektive der Emotionen ein,

61 Fontana, *Social Skills at Work*, a.a.O., S. 8.

war der kapitalistische Arbeitsplatz viel weniger als bisher angenommen von Emotionen befreit. Ich will nun dieser Bemerkung nachgehen und fragen, ob sich die Sichtweise auf private Beziehungen ebenfalls ändert, wenn sie aus der Perspektive der Emotionen betrachtet werden.

Folgt man den üblichen Beschreibungen, dann hat der Kapitalismus eine klare Trennung zwischen privater und öffentlicher Sphäre geschaffen. Die Frau regiert im Privaten, das für solche Emotionen wie Mitgefühl, Zärtlichkeit und selbstlose Großzügigkeit steht. So schreibt Nancy Cott in ihrer wegweisende Studie über die Privatsphäre der Mittelschichten, daß die Frauen auf diese Weise »der Arena des pekuniären Vergnügens und der ehrgeizigen Konkurrenz entzogen blieben. [...] Waren die Männer wilde Krieger, erschöpft von den mühevollen ›Szenen des Lebens‹, so streuten ihnen die Frauen Rosen unter die Dornen des ihnen zugewiesenen Wegs«.[62] Schaut man sich die Sache aber in der Perspektive der Emotionen an, dann gewinnen diese im privaten Garten der Familie gepflegten Rosen plötzlich einen eigentümlich dornigen Charakter.

Die Rosen und die Dornen der modernen Familie

Es scheint banal, darauf hinzuweisen, daß die therapeutische Sprache die privilegierte Sprache ist, um über die Familie nachzudenken. Nicht nur folgte die therapeutische Sprache von Anfang an einem Familiennarrativ, also einem Narrativ des Selbst und der Identität, das dieses Selbst in der Kindheit und den primären familiären Beziehungen verankerte, sie zielte auch auf die Transformation der Familie (besonders der Mittelschichtfamilie). Interessanterweise hat sich im 20. Jahrhundert noch ein anderes Narrativ entwickelt, das ähnlich dem therapeutischen beanspruchte, die

62 Nancy F. Cott, *The Bonds of Womanhood. ›Women's Sphere‹ in New England, 1780-1835*, New Haven 1977, S. 231.

Rolle der Familienstruktur für die Bildung des Selbst neu auszuleuchten. Gemeint ist das feministische Narrativ. Sowohl in den therapeutischen Diskursen als auch in den feministischen Diskursen der zweiten Frauenbewegung liefert die Familie die wesentliche Metapher für das Verständnis der Pathologien des Selbst und gilt außerdem als der Ort, an dem die Transformationen des Selbst durchzuführen sind, nach denen diese beiden Diskurse verlangen.

Im Jahr 1946 wurde in den Vereinigten Staaten der National Mental Health Act verabschiedet. Während die Arbeit der Psychologen bis dahin auf das Militär, das Unternehmen und die Pflege schwer geistig geschädigter Menschen begrenzt blieb, erweiterte das Gesetz von 1946 mit Hilfe der Kategorie der geistigen Gesundheit normaler Bürger den Einflußbereich der Psychologie und markierte so einen beträchtlichen Fortschritt mit Blick auf die Macht der Psychologen als Berufsgruppe. So wie Elton Mayo die Effizienz und soziale Harmonie im Unternehmen fördern wollte, beanspruchten die neuen selbsternannten Seelenheiler, die Harmonie im Innern der Familie stärken zu können. So gerieten gewöhnliche Mittelschichtangehörige, die sich mit den gewöhnlichen Problemen der Suche nach dem geglückten Leben herumschlugen, zunehmend unter den Einfluß psychologischen Fachwissens. Helen Herman hat gezeigt, daß die lokalen Gesundheitsdienste tatsächlich anfingen, neue, im Kern psychotherapeutische Angebote zu unterbreiten, die sich an ein zunehmend gebildeteres Mittelschichtpublikum wandten. Die Bundesgesetzgebung lieferte ihrerseits in den 50er und 60er Jahren des letzten Jahrhunderts die für die Unterstützung einer gemeindeorientierten Psychologie und Psychiatrie nötige Infrastruktur und ermöglichte der Psychologie auf diese Weise, ihren Einflußbereich auf die ganz »normal« neurotische Mittelschicht auszudehnen. Mit anderen Worten, die deutliche Neuausrichtung der beruflichen Interessen der Psychologen und ihrer Klientel auf »normale Leute« weitete nicht nur den

Markt für therapeutische Dienste aus, sondern bedeutete auch eine Verschiebung der sozialen Identität all der Gruppen, die diese Dienste konsumierten. Gegen 1960 war die Psychologie vollständig institutionalisiert und ein intrinsischer Bestandteil der populären amerikanischen Kultur geworden.

Die vollständige Institutionalisierung der Psychologie in der amerikanischen Kultur fand ihr Gegenstück in der ebenso vollständigen Institutionalisierung des Feminismus in den 70er Jahren. Mitte der 1970er Jahre hatte sich ein weites Netzwerk feministischer Organisationen installiert. Es gab »Kliniken und Banken für Frauen, Frauenhäuser, Bücherläden, Zeitungen, Verlage und Sportvereine«.[63] Der Feminismus wurde eine institutionalisierte Praxis, deren Einfluß noch wuchs, als die Universitäten Studiengänge für Frauenforschung einrichteten, die ihrerseits wiederum andere institutionelle Praktiken innerhalb und außerhalb der Universität nach sich zogen.[64]

Beim Versuch, das Verhältnis zwischen Psychologie und Feminismus zu verstehen, haben sich die meisten Forscher auf die Geschichte ihrer gegenseitigen Feindschaft gestürzt. Gleichwohl ist es ebensoleicht, Überschneidungen zwischen ihnen ausfindig zu machen. Im Laufe der Zeit wurden Feminismus und Psychologie schließlich sogar engste Verbündete, weil Frauen die wichtigsten Konsumenten der therapeutischen Ratgeberliteratur waren und so dafür sorgten, daß der therapeutische Diskurs zunehmend ein dem Feminismus gemeinsames Schema entwickelte, das auf grundlegenden Denkkategorien beruhte, die direkt der weiblichen Erfahrung entnommen wurden. Weil der Feminismus der

63 Bruce J. Schulman, *The Seventies. The Great Shift in American Culture, Society, and Politics*, New York 2001, S. 171.

64 Um 1970 gab es weniger als 20 Kurse über Frauen an amerikanischen Universitäten; zwei Jahrzehnte später gab es mehr als 30 000 solcher Kurse allein im Bereich des Grundstudiums; siehe Schulman, *The Seventies*, a.a.O., S. 172.

zweiten Frauenbewegung aber so eng mit der Familie und dem Bereich der Sexualität verflochten war und sein Emanzipationsnarrativ in dieser Sphäre ansiedelte, besaß er eine natürliche Affinität zum therapeutischen Narrativ. In dem Maße, in dem es möglich war, Schemata von einem Erfahrungsbereich in einen anderen oder von einer institutionellen Sphäre in eine andere zu transferieren, konnten Feminismus und Psychologie einander beleihen. So förderten beispielsweise sowohl Feminismus als auch Psychologie eine Art von Reflexivität, die als Attribut des weiblichen Bewußtseins galt. Bei dem Kunsthistoriker John Berger etwa heißt es, die Frau sei dahin gelangt, »den Prüfer und die Geprüfte in ihr als die beiden wesentlichen, doch immer getrennten Komponenten ihrer Identität als Frau anzusehen«.[65] Feminismus und Therapie verlangten von den Frauen, sowohl Prüferin als Geprüfte zu sein. Darüber hinaus ermutigte der therapeutische Diskurs die Frauen, ähnlich dem Feminismus, unentwegt, zwei einander widersprechende Wertsphären zu verbinden, nämlich Sorge (*care*) und Pflege (*nurturance*) einerseits, Autonomie und Selbständigkeit andererseits. Unabhängigkeit und Pflege waren tatsächlich die beiden Hauptthemen des Feminismus und des therapeutischen Diskurses; in angemessener Verbindung würden sie emotionale Gesundheit und politische Emanzipation konstituieren. Schließlich, und das ist vielleicht der wichtigste Punkt, teilte der Feminismus mit dem therapeutischen Diskurs die Idee und Praxis der Umwandlung privater Erfahrungen in öffentliche Rede, und zwar sowohl im Sinne einer Rede mit einem und für ein Publikum als auch im Sinne derjenigen, die sich der Diskussion von Normen und Werten eines allgemeinen anstelle eines besonderen Charakters widmete. Als Beispiel für diesen Prozeß der Umwandlung privater in öffentliche Rede können sicherlich die Bewußtwerdungsgruppen (*consciousness-raising groups*)

65 John Berger, *Ways of Seeing*, London 1972, S. 46 f. (dt. *Sehen. Das Bild der Welt in der Bilderwelt*, Hamburg 1974, S. 43).

herangezogen werden, die für die zweite Frauenbewegung so wichtig waren.

Beispiele dafür, wie tief das therapeutische Narrativ die feministische Bewegung durchzieht, gibt es reichlich. So vertrat die altgediente feministische Aktivistin und Herausgeberin der Zeitschrift *Ms-Magazin*, Gloria Steinem, in ihrer Autobiographie von 1992, *Revolution from Within*, die Ansicht, daß psychologische Barrieren Frauen aus der Oberschicht und aus der Unterschicht gleichermaßen betreffen und daß eine zu geringe Selbstachtung das Hauptproblem der Frauen sei.[66] Oder, um ein aktuelleres und medial besonders stark ausgeschlachtetes Beispiel zu nehmen, die Friedensaktivistin und Feministin Jane Fonda: Sie bedient sich sowohl eines feministischen als auch eines therapeutischen Diskurses, um sich von dem einschnürenden Einfluß ihres fernen Vaters – Henry Fonda hat sie nicht häufig genug umarmt – und von der anschließenden unglücklichen Hinwendung zu drei lieblosen Männern zu befreien. Der Weg zur authentischen Stimme wird bei ihr ein emotionaler und politischer Akt.[67]

Der gegenseitige Einfluß von Therapie und Feminismus war dort am deutlichsten, wo es darum ging, ein kulturelles Modell emotionaler und sexueller Intimität auszuarbeiten, in dessen Hintergrund das Aufkommen eines Feldes sexueller Therapie wirkte, das selbst wiederum unter dem Einfluß des äußerst erfolgreichen Kinsey-Reports und der späteren Untersuchungen von Masters und Johnson stand.[68] Der Begriff der Intimität verband Attribute des psychologischen

66 »Je mehr ich mit Männern und Frauen sprach, desto stärker wurde mein Eindruck, daß die inneren Gefühle der Unvollständigkeit, der Leere, des Selbstzweifels und des Selbsthasses gleich waren, egal, wer sie empfand, auch wenn sie kulturell unterschiedlich ausgedrückt wurden.« Gloria Steinem, *The Revolution from Within. A Book of Self-Esteem*, Boston 1992, S. 5.

67 Jane Fonda, *My Life So Far*, New York 2005.

68 John D'Emilio und Estelle B. Freedman, *Intimate Matters. A History of Sexuality in America*, New York 1988.

Diskurses und des Feminismus, da die befreite Sexualität sowohl auf emotionale Gesundheit als auch auf politische Emanzipation zielte. Dieses neue kulturelle Modell der Intimität schlug sich beispielsweise in einer neuen Formel für Kinofilme nieder, die sich nun auf zerfallende Beziehungen konzentrierten und damit endeten, daß die Frauen ihre »Freiheit« und Sexualität gewannen (Woody Allen hat dieses Genre mit Filmen wie *Der Stadtneurotiker, Eine andere Frau, Manhattan, Alice* etc. perfektioniert).[69]

Um zu verdeutlichen, woraus das neue Modell der Intimität bestand, will ich das Beispiel von Masters und Johnsons Buch *Spaß an der Ehe* heranziehen, das 1974 auf Englisch erschien und ihre früheren Erkenntnisse über die Sexualität von Männern und Frauen wiederaufnahm und einem breiteren Publikum zugänglich machte.[70] Für Masters und Johnson bestand der erste Schritt auf dem Weg zur Intimität darin, sich über seine eigenen Gefühle und Gedanken klar zu werden. »Sobald Sie sich Ihrer Gedanken und Gefühle bewußt sind, teilen Sie sie Ihrem Partner mit. Wenn Sie Angst haben, sagen Sie es. Vielleicht können Sie gemeinsam herausfinden, wovor Sie sich fürchten und warum, und vielleicht kann Ihnen Ihr Partner Wege zeigen, wie Sie Ihre Angst allmählich überwinden lernen. Mit der Zeit werden Sie dann in Einklang mit Ihren Gefühlen, nicht mehr in Widerspruch zu ihnen handeln.«[71]

Es gibt einen wichtigen Unterschied zwischen dem »wahren Selbst« des 19. Jahrhunderts und jenem, das mit Masters' und Johnsons Modell der Intimität verbunden ist: Für die Menschen des viktorianischen Zeitalters stellte das Auf-

69 David R. Shumway, *Modern Love. Romance, Intimacy, and the Marriage Crisis*, New York 2003.

70 William H. Masters und Virginia E. Johnson, *The Pleasure Bond. A New Look at Sexuality and Commitment*, Boston 1974 (dt. *Spaß an der Ehe. Erfahrungen und Ratschläge der erfolgreichsten Ehetherapeuten der Welt*, Wien 1976).

71 Ebd., S. 24 f. (dt. S. 36).

finden und Ausdrücken des wahren Selbst kein spezielles Problem dar, weil das wahre Selbst immer schon da war und nur solchen Personen anvertraut wurde, die man der eigenen Offenbarungen für würdig hielt.[72] Im neuen psychologischen Bild jedoch wird das wahre Selbst seinem eigenen Träger undurchsichtig und stellt sich damit als besonderes Problem dar. Nun gilt es, eine Reihe von Emotionen zu überwinden – Furcht, Scham oder Schuld –, die der Person selbst zumeist unbekannt sind und ein neues Vermögen im Umgang mit Sprache erfordern. Letzter Grund für das Ausdrücken und »Ausgraben« dieser Emotionen ist aber der Wunsch nach grundlegender Gleichheit in den intimen Verhältnissen. Aus der Erfahrung der Intimität wird nun eine psychologische und politische Angelegenheit, weil sich beide Partner ebenbürtig begegnen sollen. Die Idee der Gleichheit in der Intimität zeitigt zwei Effekte. Zum einen werden die Männer nun aufgefordert, ihrem inneren Selbst und ihren inneren Gefühlen deutlich mehr Aufmerksamkeit zu widmen – was sie den Frauen ähnlich macht. Warren Farrell etwa verurteilt in seinem Buch von 1974, *Liberated Man*, die zerstörerischen Auswirkungen eines Systems traditioneller männlicher Werte. In einer durch und durch therapeutischen Sprache behauptet Farrel, Männern sei verboten worden zu weinen, ihren Emotionen Ausdruck zu verleihen oder »Verletzbarkeit, Empathie oder Zweifel« zu artikulieren.[73] Farrell verlangt von den Männern, das Vermögen der Introspektion zu kultivieren, mit ihrem wahren Selbst in Verbindung zu gelangen und alle Aspekte ihres Selbstseins auszudrücken.

Eine andere Art, in der sich die neuen Gleichheitsstandards auf die Bestimmungen der Intimität auswirkten, läßt

72 Ellen R. Rothman, *Hands and Hearts. A History of Courtship in America*, New York 1984; Karen Lystra, *Searching the Heart. Women, Men, and Romantic Love in Nineteenth-Century America*, New York 1989.

73 Zitiert nach Schulman, *The Seventies*, a.a.O., S. 181.

sich den Neudefinitionen weiblicher Sexualität entnehmen. Obgleich weder Masters noch Johnson erklärte Feministen waren, näherten sie sich der Sexualität in der Sprache von Befreiung und Gleichheit an, die sich die feministische Bewegung auf die Fahnen geschrieben hatte. So heißt es: »Was viele Männer und Frauen lernen müssen, ist, daß ihnen die Lust, die sie beide suchen, so lange verschlossen bleiben wird, bis sie erkannt haben, daß Sex dann am beglückendsten ist, wenn nicht der Mann etwas mit seiner oder für seine Frau tut, sondern wenn beide als gleichwertige Partner etwas gemeinsam tun.«[74]

Sexuelles Vergnügen wird also dem Erreichen fairer und gleicher Beziehungen zugesprochen, so daß der Eindruck entsteht, die therapeutische Intimität mobilisiere die Sprache der Rechte und setze guten Sex mit der Bejahung der beiderseitigen partnerschaftlichen Rechte gleich. In letzter Konsequenz verwischt ein solches Ideal sexuellen Vergnügens Geschlechterdifferenzen. »Virginia Johnson: Ich weiß, es ist populär, auf die Unterschiede zwischen Männern und Frauen hinzuweisen, aber ich muß Ihnen sagen, daß das, was uns vom Anfang unserer Arbeit an am meisten erstaunt hat, nicht die Unterschiede, sondern die Ähnlichkeiten zwischen den Geschlechtern war.«[75] Durch das Ideal der Intimität fangen die Frauen nicht nur an, Gleichheit zu fordern, nein, sie fordern nun auch zunehmend, den Männern ähnlich zu sein.

Das kulturelle Modell der Intimität enthält Schlüsselmotive und -symbole zweier zentraler kultureller Bewegungen, die das Selbstverständnis der Frauen im 20. Jahrhundert geprägt haben: das des liberalen Feminismus und der Psychologie. Gleichheit, Fairneß, neutrale Prozeduren, emotionale Kommunikation, Sexualität, das Überwinden und Ausdrücken verborgener Emotionen, der zentrale Status sprachlichen Selbstausdrucks – all das entspricht dem Kern

74 *The Pleasure Bond*, a.a.O., S. 84 (dt., S. 95).
75 Ebd., S. 36 (dt., S. 47).

des modernen Ideals der Intimität. Hat die Sprache der Therapie im Unternehmen eine Neuausrichtung der Maskulinität auf weibliche Selbstmuster hin ausgelöst, so hat sie in der Familie die Frauen ermutigt, den Status autonomer und selbstkontrollierter (männlicher) Subjekte für sich zu beanspruchen. In dem Maße, in dem die Psychologen aus der Produktivität im Unternehmen eine emotionale Angelegenheit machten, haben sie im Intimbereich Sexualität und Lust an die Umsetzung fairer Verfahren und die Bejahung und Aufrechterhaltung weiblicher Grundrechte gebunden. Um genauer zu sein: Die Ideen der »emotionalen Gesundheit« oder der »gesunden Beziehung« sollten dazu beitragen, intime Beziehungen vom langen Schatten der Macht und Asymmetrie zu reinigen. Nur so kam es dazu, daß Intimität – oder gesunde Beziehungen insgesamt – vom Problem des »gleichmäßigen Austauschs« und vom Problem der Versöhnung spontaner Emotionalität und instrumenteller Selbstbehauptung heimgesucht wurde.

Bislang scheint die hier vorgelegte Analyse mit der Analyse von Giddens und anderen übereinzustimmen, die im Bereich des Intimen eine Bewegung hin zu mehr Gleichheit und Emanzipation ausgemacht haben.[76] Allerdings schwingt in diesen Analysen die psychologische Feier der Gleichheit in intimen Beziehungen so stark mit, daß sie darauf verzichten, genau die Transformationen des Intimen genauer zu befragen, die sie vorgeblich beschreiben wollen. Die Weberianische Tradition aber, der ich mich zugehörig fühle, hat gelehrt, daß wir die Errungenschaften der Freiheit oder Gleichheit nicht als letztgültige Maßstäbe der Bewertung sozialer Transformationen heranziehen sollten. Vielmehr sollten wir uns genau der Art und Weise zuwenden, in der neue Formen der Gleichheit oder Freiheit die »emotionale Textur« intimer Beziehungen verwandelt haben. Ja, ich

76 Anthony Giddens, *The Transformation of Intimacy. Sexuality, Love, and Eroticism in Modern Societies*, Cambridge 1992 (dt. *Wandel der Intimität*, Frankfurt/M. 1993).

würde davon ausgehen, daß die Verzahnung von Therapie und Feminismus einen massiven Prozeß der Rationalisierung intimer Beziehungen ausgelöst hat. Weil Feminismus und Therapie eine ganze Reihe psychologischer, körperlicher und emotionaler Strategien der Selbsttransformation gelehrt haben, implizierte ihre Neucodierung der Psyche eine »Rationalisierung« des weiblichen Verhaltens in der Privatsphäre.

Ich will hier zwei Beispiele erwähnen, die typisch für die in den 1980er Jahren publizierte Ratgeberliteratur zu Fragen der Intimität sind. In einem *Redbook*-Artikel wird das Buch eines gewissen Dr. Bessell erwähnt, eines Psychologen, der einen Fragebogen entworfen hat, um »zu bewerten, wie kompatibel Menschen sind und wie romantisch ihre Ehe ist. Dieser *Romantic Attraction Questionnaire*, kurz RAQ, sagt voraus, wie gut ein Paar funktioniert. Der RAQ setzt sich zusammen aus 60 Aussagen. [...] Die ideale Punktzahl des RAQ liegt zwischen 220 und 300 Punkten, was anzeigt, daß die romantische Anziehungskraft groß genug ist, um eine Beziehung aufrechtzuerhalten«.[77] Das zweite Beispiel hat folgenden Wortlaut:

> Wie kann Sheila Franks Wünsche befriedigen, wenn er sie ihr nicht verrät? Als Paar müßt ihr in der Lage sein, einander zu sagen, wie genau ihr geliebt werden wollt. Die folgende Übung hilft euch dabei:
>
> A 1. Vervollständigt jeden der folgenden Sätze auf einem Blatt Papier, und zwar auf so vielfältige Weise wie möglich. Eure Antworten sollen den Punkt treffen, konkret und positiv sein.
>
> – Liste die Dinge auf, die dein Partner gerade macht und die dir das Gefühl geben, umsorgt und geliebt zu werden. »Ich fühle mich umsorgt und geliebt, wenn du ...«
>
> – Denke zurück an die Zeit, als du mit deinem Partner zuerst ausgegangen bist. Was hat dein Partner damals gesagt oder getan, was er heute nicht mehr sagt oder tut? »Ich fühle mich umsorgt und geliebt, wenn du ...«

77 Mary Beth Crain, »The Marriage Check up«, in *Redbook*, 1985, S. 88 [*Redbook* ist eine Frauenzeitschrift, die seit 1903 publiziert wird, Anm. d. Übers.].

– Nun denke an all die Dinge, von denen du immer wolltest, dein Partner möge sie tun, die du dich aber nicht getraut hast, von ihm oder ihr zu erbitten. »Ich würde mich umsorgt und geliebt fühlen, wenn du...«

2. Schaue deine Antworten noch einmal durch und erstelle eine Rangfolge gemäß ihrer Wichtigkeit für dich.

3. Lies deine Antworten deinem Partner vor. Setze ein X neben die Punkte, von denen dein Partner meint, er könne sie jetzt nicht erfüllen.

4. Höre zu, wie dein Partner seine Liste vorliest, und deute an, welche seiner Wünsche du jetzt nicht erfüllen kannst.

5. Tauscht eure Listen aus. Wählt drei Wünsche aus der Liste des Partners aus, von denen ihr meint, ihr könntet sie in den nächsten drei Tagen erfüllen.

Erstelle eine Liste der Listen deines Partners und willige ein, jede Woche drei neue Wünsche deines Partners zu erfüllen. Versuche langsam, die Bereitschaft zu entwickeln, deinem Partner einige der Wünsche zu erfüllen, die du zunächst nur zögerlich erfüllen konntest. Je anspruchsvoller der Wunsch, desto besser wirst du dich fühlen, nachdem du den Wunsch erfüllt hast. Viele Paare haben berichtet, daß sie die Wünsche des Partners, die sie für die am schwersten zu befriedigenden gehalten haben, am Ende besonders gerne füreinander erfüllt haben.[78]

Um diese Übungen ernst zu nehmen, müssen wir nicht annehmen, sie würden von ihren Lesern wortwörtlich akzeptiert. Sie sind vielmehr bedeutsam, weil sie auf eine wichtige und tiefgreifende kulturelle Transformation des Selbst und seiner intimen Beziehungen verweisen. Sie verweisen auf den Prozeß der Rationalisierung intimer Beziehungen, der meiner Argumentation nach sowohl der zunehmenden Relevanz (besonders vom Feminismus befürworteter) egalitärer Normen in der Ehe als auch der Methode und dem Vokabular der Psychologie in ihrem Versuch der Deutung von Intimität entsprungen ist.

Zur Rationalisierung gehören fünf Aspekte:[79] die kalku-

78 Harville Hendrix, »Work at your Marriage«, in: *Redbook*, Oktober 1985, S. 130.

79 Es ist wichtig, darauf hinzuweisen, daß trotz der in Webers Analyse enthaltenen Aura der Unausweichlichkeit Rationalisierung nicht als unilinearer Prozeß verstanden werden sollte; sie ist vielmehr

lierte Verwendung von Mitteln; die Nutzung effektiverer Mittel; eine Auswahl auf rationaler Basis (das heißt auf der Basis von Wissen und Bildung); die Fähigkeit, allgemeine Wertprinzipien zur Richtschnur des eigenen Lebens zu machen; und schließlich: die Vereinheitlichung der vier vorangegangenen Aspekte zu einem rational-methodischen Lebensstil. Rationalisierung hat aber noch eine zusätzliche wichtige Bedeutung: gemeint ist die Ausweitung formaler Wissenssysteme, die ihrerseits zu einer »Intellektualisierung« des Alltagslebens führt.

Auffällig an den obengenannten Beispielen ist, daß sie eine Wertrationalisierung der Persönlichkeit verlangen und implizieren. *Wertrationalität** ist der Prozeß der Klärung eigener Werte und Überzeugungen sowie der Prozeß, der darauf zielt, unsere Zwecke an die vorher etablierten Werte anzupassen. Was will ich? Was sind meine Präferenzen, was ist meine Persönlichkeit? Bin ich abenteuerlustig oder brauche ich Sicherheit? Brauche ich jemanden als Brotverdiener oder jemanden, mit dem ich über Politik reden kann? Daß diese Fragen überall in der Ratgeberliteratur auftauchen, hat damit zu tun, daß Frauen sowohl vom Feminismus als auch von der Therapiekultur dazu angehalten wurden, ihre Werte und Präferenzen zu klären, um dann Beziehungen aufzubauen, die diesen Werten entsprachen. Der Endzweck besteht darin, als autonomes und selbständiges Selbst aufzutreten. Dieser Prozeß hat nur dann eine Chance, wenn die Frauen sich selbst sorgfältig zum Gegenstand eigener Beobachtung machen, ihre Emotionen kontrollieren, ihre Entscheidungen bewerten und den von ihnen präferierten Handlungskurs wählen.

Darüber hinaus sah Weber in der Rationalisierung eine

voller Spannungen und Widersprüche. Siehe dazu Johannes Weiß, »On the Irreversibility of Western Rationalization and Max Weber's Alleged Fatalism«, in: Sam Whimster und Scott Lash (Hg.), *Max Weber, Rationality, and Modernity*, a.a.O., S. 154-163.

* Im Original deutsch.

Verfeinerung der Techniken des Kalkulierens am Werk. Die genannten Beispiele zeigen ja, daß das intime Leben mit seinen Emotionen in meß- und kalkulierbare Gegenstände verwandelt wird, die sich dann mit Hilfe quantitativer Aussagen beschreiben lassen. Das Bewußtsein, daß die Aussage »Ich kriege Angst, wenn du dich für andere Frauen interessierst« zehn Punkte wert ist, führt vermutlich zu einem anderen Selbstverständnis und zu anderen Korrekturversuchen als ein Wert von zwei Punkten. Psychologische Tests dieser Art nutzen eine spezifisch moderne kulturelle Kognition, die die Soziologen Wendy Espeland und Mitchell Stevens »Kommensuration« nennen. Sie definieren das so: »Kommensuration beinhaltet das Verwenden von Zahlen, um Beziehungen zwischen Dingen herzustellen. Kommensuration verwandelt qualitative Unterscheidungen in quantitative, in denen Differenz dann als Wert ausgedrückt wird, der sich an einer gemeinsamen Maßeinheit messen läßt.«[80] Unter dem Einfluß von Psychologie und Feminismus sind intime Beziehungen immer mehr zu Dingen geworden, die unter Bezug auf eine bestimmte Maßeinheit bewertet und quantifiziert werden (diese Maßeinheiten unterscheiden sich im übrigen von Schule zu Schule).

Schließlich sticht an diesen Beispielen hervor, in welchem Maße hier Textualität und emotionale Erfahrung vermischt werden. Mit dem Mittelalterforscher Brian Stock können wir sagen, daß Textualität ein wichtiger Zusatz der emotionalen Erfahrung geworden ist.[81] Das »Aufschreiben« einer Emotion »sperrt« sie so in einen Raum, daß eine Distanz zwischen der Emotionserfahrung und der Emotionswahr-

80 Siehe Wendy Nelson Espeland, »Commensuration and Cognition«, in: Karen A. Cerulo (Hg.), *Culture in Mind. Toward a Sociology of Culture and Cognition*, New York 2002, S. 63-88 (hier S. 64).

81 Brian Stock, *Listening for the Text. On the Uses of the Past*, Baltimore 1990, S. 104 f.: »Ich versuche zu zeigen, an welchem Punkt Texte, wenn man sie als Diskurszusatz betrachtet, das menschliche Handeln durchdringen.«

nehmung geschaffen wird. Wenn Schreibfähigkeit als Eintragung der gesprochenen Sprache in ein Medium gedeutet wird, das Sprache zu »sehen« (anstatt zu hören) und vom Sprachakt zu dekontextualisieren erlaubt, dann laden auch diese Übungen die Frauen in ähnlicher Weise zum Nachdenken und Reden über ihre Emotionen ein, nachdem sie ihrem ursprünglichen Entstehungskontext entrissen worden sind. Der reflexive Akt, Emotionen zu benennen, um besser mit ihnen zurechtzukommen, verleiht ihnen eine Ontologie, das heißt, er fixiert sie scheinbar in der Realität und im innersten Selbst ihres Trägers, was, wie man annehmen kann, ihrem ungreifbaren, flüchtigen und kontextuellen Charakter entgegensteht.

Schrift dekontextualisiert Sprache und Denken und separiert die sprachproduzierenden Regeln vom Akt des Sprechens selbst.[82] (Paradigmatisch für diese Trennung der Sprache vom Akt des Sprechens ist die Grammatik.) Werden sie verschriftlicht, können Emotionen wie Gegenstände beobachtet und manipuliert werden. Durch emotionale Schriftlichkeit entzieht man sich dem Fließen und dem unreflexiven Charakter der Erfahrung und verwandelt emotionale Erfahrungen in Emotionswörter und in beobachtbare und manipulierbare Wesenheiten. So legt Walter Ong in einem Text über die Wirkungen des Drucks auf das westliche Denken nahe, daß die Ideologie der Schriftlichkeit die Idee des »reinen Texts« hervorgebracht hat, also die Idee, nach der Texte eine Ontologie haben, so daß ihre Bedeutung vom Autor und vom Entstehungskontext abgelöst werden kann.[83] Das Einsperren der Emotionen in die geschriebene

82 Jack Goody und Ian Watt, »The Consequences of Literacy«, in: Jack Goody (Hg.), *Literacy in Traditional Societies*, Cambridge 1968, S. 27-68 (dt. »Konsequenzen der Literalität«, in: Jack Goody (Hg.), *Literalität in traditionalen Gesellschaften*, Frankfurt/M. 1981, S. 45-104).

83 Walter J. Ong, *Orality and Literacy*, New York 1982 (dt. *Oralität und Literalität*, Wiesbaden 1987).

Sprache läßt auf ähnliche Weise die Idee der »reinen Emotion« entstehen, die Idee also, daß Emotionen ins Selbst gesperrte separate Entitäten sind, die durch Verschriftlichung zu fixierbaren, vom Selbst ablösbaren Entitäten werden, denen mit Beobachtung, Manipulation und Kontrolle beizukommen ist.

Die Kontrolle der Emotionen, die Klärung eigener Werte und Ziele, der Gebrauch der Kalkulation und die Dekontextualisierung und Objektivierung der Emotionen – all das impliziert eine *Intellektualisierung* intimer Bande im Namen eines größeren moralischen Projekts: der Herstellung von Gleichheit und fairen Bedingungen des Austauschs durch rückhaltlose verbale Kommunikation über die eigenen Bedürfnisse, Emotionen und Ziele. Wie schon im Unternehmen dient Kommunikation hier als Modell von und als Modell für, als Modell, das zugleich Beziehungen beschreibt und vorschreibt. Sexuelle Inkompatibilität, Wut, Streit um Geld, ungleiche Verteilungen der Hausarbeit, Inkompatibilität der Persönlichkeit, verborgene Emotionen, Kindheitsereignisse: das alles sollte verstanden, verbalisiert, diskutiert und kommuniziert werden, um dadurch, ganz im Sinne des Kommunikationsmodells, aufgelöst zu werden. Wie es in einem *Redbook*-Artikel heißt: »Kommunikation ist das Lebensblut einer jeden Beziehung, und das gilt besonders für Liebesbeziehungen, die blühen wollen.«[84]

Kommunikationsworkshops oder Kommunikationsratgeber bieten zahllose »Übungen« an, die darauf zielen, die versteckten Annahmen und Erwartungen verheirateter Paare explizit zu machen, so daß sie imstande sein sollen, Sprachmuster an sich zu erkennen oder zu verstehen, wieder, der gerade dran ist mit einem Redebeitrag, Mißverständnisse oder Befremden auslöst. Darüber hinaus lehren sie die Kunst und Wissenschaft des Zuhörens und, vielleicht

84 Nathaniel Branden, »If You Could Hear What I Cannot Say. The Husband/Wife Communication«, in: *Redbook*, April 1985, S. 94.

am wichtigsten, den Gebrauch von Sprechweisen, die auf Neutralität aus sind (damit negative Emotionen gar nicht erst entstehen). Damit zeigt sich, daß diese Techniken dazu dienen, die eheliche Kommunikation zu verbessern und die verwendete Sprache sowohl emotional als auch linguistisch neutral zu machen.

Angesichts der unvermeidbaren Differenzen zwischen Biographien und Persönlichkeiten suggeriert der therapeutische Diskurs, daß es innerhalb der Ehe einen neutralen Boden objektiver Bedeutung gibt. Dieser neutrale Boden ist gleichermaßen emotional wie linguistisch. Ein Beispiel: »Diese Technik hilft dir dabei, herauszufinden, wann deine Wut vulkanische Proportionen erreicht; in ritualisierter Form kann sie dich dabei unterstützen, deine Wut aus deinem System zu entfernen. Aufgabe deines Partners ist es, den Ausdruck deiner Wut einfach nur staunend zu betrachten, als handelte es sich um ein überwältigendes Naturphanomen, an dem er oder sie nicht beteiligt ist. [...] Wenn du Dampf ablassen willst, sag' etwas wie ›Ich explodiere gleich. Kannst du mir für zwei Minuten zuhören?‹ Jeder Zeitrahmen ist hier in Ordnung, allerdings können zwei Minuten für den Empfänger und den Sender überraschend lang sein. Stimmt dein Partner zu, dann muß er nur staunend zuhören, als betrachtete er einen Vulkanausbruch. Dann läßt er dich wissen, wann die Zeit abgelaufen ist.«[85] Diese Technik lehrt, wie wir negative Emotionen eindämmen und in Objekte verwandeln, die dem Selbst äußerlich sind, so daß sie gewissermaßen von außen betrachtet werden können. Die Aufforderung, Gefühle durch den Gebrauch neutraler Prozeduren des Ausdrucks und des Sprechens in den Griff zu bekommen, bildet den Kern des kommunikativen und therapeutischen Ethos. Auch das folgende Beispiel zeigt das: »Die Technik der geteilten Bedeu-

85 Lori H. Gordon und Jon Frandsen, *Passage to Intimacy. Key Concepts and Skills from the Pairs Program Which Has Helped Thousands of Couples Rekindle Their Love*, New York 1993, S. 114.

tung [die zur Verbesserung intimer Beziehungen dient] versetzt dich in die Lage, die Bedeutung dessen, was du gehört hast, mit dem Partner zu teilen, um so zu testen, ob das, was du gehört hast, wirklich das ist, was er oder sie sagen wollte. Oft ist das nämlich nicht der Fall.«[86]

Dort, wo uns der Poststrukturalismus gesagt hat, daß Bedeutungen nicht-intendiert und unentscheidbar sind, daß sie emotional »gebeugt« sind, verkünden die therapeutischen Kommunikationstechniken, daß Mehrdeutigkeit der Erzfeind der Intimität sei, und fordern dazu auf, die Alltagssprache von unklaren und mehrdeutigen Äußerungen ebenso zu reinigen wie von möglichen negativen emotionalen Beugungen. Kommunikation soll auf die Ebene ihrer denotativen Bedeutung reduziert werden. Diese Aufforderung wiederum führt zu einer etwas paradoxen Beobachtung: Der therapeutische Diskurs bietet eine Reihe von Techniken an, um sich seiner Bedürfnisse und Emotionen klarzuwerden, aber er behandelt sie zugleich wie dem Subjekt äußerliche Gegenstände, die beobachtet und kontrolliert werden sollen. So ist die Sprache des Emotionsaustauschs gleichzeitig neutral und hoch subjektiv. Neutral, weil man seine Aufmerksamkeit dem objektiven und denotativen Gehalt eines Satzes widmen soll, um so die subjektiven Fehlinterpretationen und Emotionen zu neutralisieren, die dabei ins Spiel kommen können; subjektiv, weil die Rechtfertigung für das Äußern einer Bitte oder die Erfahrung eines Bedürfnisses oder einer Emotion letztlich immer auf eigenen subjektiven Bedürfnissen und Emotionen beruht. Damit diese Emotionen »bestätigt« und anerkannt werden können, bedürfen sie keiner höheren Rechtfertigung als der Tatsache, daß sie vom Subjekt empfunden werden. Jemanden »anzuerkennen« heißt gerade, die Grundlage seiner Emotionen nicht zu bezweifeln oder zu bestreiten.

Um kurz zusammenzufassen: Das Chaos ist nur bei oberflächlicher Betrachtung Organisationsprinzip von Intimi-

86 Ebd., S. 91.

tät.[87] In dem Maße, in dem sich der Feminismus und der therapeutische Diskurs als kulturelle Kräfte erweisen, die beanspruchen, Frauen der Mittelschicht vom Joch der traditionellen Familie zu befreien, tragen sie vielmehr dazu bei, intime Beziehungen zu rationalisieren, sie also neutralen Prozeduren der Prüfung und Befragung auszusetzen, die auf der Basis intensiver Selbstprüfung vollzogen werden. Eine solche Rationalisierung emotionaler Bande läßt eine »emotionale Ontologie« entstehen, die Idee also, daß Emotionen vom Subjekt getrennt werden können, um dann kontrolliert und geklärt zu werden. Darüber hinaus hat eine solche emotionale Ontologie intime Beziehungen »kommensurabel«, also zugänglich für Prozesse der Entpersönlichung gemacht. Die Wahrscheinlichkeit steigt, daß sie ihres besonderen Charakters verlustig gehen und unter Bezug auf abstrakte Bewertungskriterien beurteilt werden. Das wiederum heißt, daß aus Beziehungen kognitive Objekte werden, die sich miteinander vergleichen lassen und die für Kosten-Nutzen-Analysen zugänglich sind. »Wenn wir Kommensuration benutzen, um etwas zu entscheiden, dann beruht der Wert auf unseren Abwägungen zwischen verschiedenen Elementen der Entscheidung.«[88] So erhöht der Prozeß der Kommensuration die Wahrscheinlichkeit, daß unsere intimen Beziehungen fungibel werden, daß sie also zu Objekten werden, die gehandelt und ausgetauscht werden können.

87 Ulrich Beck und Elisabeth Beck-Gernsheim, *Das ganz normale Chaos der Liebe*, Frankfurt/M. 1990.

88 Wendy Nelson Espeland, »Commensuration and Cognition«, a.a.O., S. 65.

Schluß

Der bisher erarbeitete, recht breite und fragmentarische Rahmen läßt eine Reihe von Schlüssen zu. Meine erste Beobachtung ist, daß sich die kulturellen Diskurse der Therapie, der ökonomischen Produktivität und des Feminismus miteinander vermischt haben und so die Gründe, Methoden und auch den moralischen Impuls lieferten, um Emotionen dem Bereich des inneren Lebens zu entziehen und in Form eines äußerst einflußreichen kulturellen Modells, nämlich der Kommunikation, zum Zentrum des Selbst und der Sozialität zu machen. Unter dem Einfluß des psychologischen Modells von »Kommunikation« wandelten sich Emotionen zu Objekten, über die man nachdenken und die man ausdrücken konnte, über die sich reden und streiten ließ, die verhandelt und gerechtfertigt werden konnten, und zwar sowohl in der Familie als auch im Unternehmen. Wo manche sagen, das Fernsehen habe zur Emotionalisierung der öffentlichen Sphäre beigetragen, würde ich eher sagen, daß es der therapeutische Diskurs war, der im Verbund mit der Sprache ökonomischer Berechnung und des Feminismus Emotionen zu mikrologischen Öffentlichkeiten gemacht hat, das heißt zu Handlungssphären, die sich einem öffentlichen Blick aussetzen, durch bestimmte sprachliche Prozeduren geregelt sind und Gleichheit und Fairneß anstreben.

Meiner zweiten Beobachtung nach gibt es im Laufe des 20. Jahrhunderts eine zunehmende emotionale Androgynisierung der Frauen und Männer, die mit der Tatsache zusammenhängt, daß der Kapitalismus die emotionalen Ressourcen der Dienstleistungsarbeit angezapft und mobilisiert hat. Zeitgleich mit ihrem Eintritt in die Arbeitswelt hat der Feminismus die Frauen außerdem aufgefordert, innerhalb der Privatsphäre autonom, selbständig und rechtsbewußt zu sein. Wo es in der Produktionssphäre also darum ging, Emotionen ins Zentrum sozialer Beziehungen zu stellen, fixierten sich intime Beziehungen zunehmend auf politische und ökonomische Modelle des Handels und des Tauschs.

Eine mögliche Interpretation des von mir bisher diskutierten Materials sieht wie folgt aus: Dank der kombinierten Wirkung der emanzipatorischen Struktur psychologischen Wissens, des Feminismus und der Demokratisierung des Arbeitsplatzes gerät das emotionale Leben in den Sog einer Anerkennungsdynamik, einer Dynamik, die, wie Axel Honneth nahelegt, stets historisch situiert, mithin also durch den Zustand und die Sprache des Rechts geprägt ist. Mit anderen Worten, das Modell der Kommunikation, das Arbeit und Ehe durchdringt, enthält die neue Forderung nach Anerkennung durch andere und nach Anerkennung anderer.[89] Wenn Habermas recht hat mit seiner Behauptung, das kommunikative Handeln beruhe auf einem »verständigungsorientierten Sprachgebrauch«, sieht man leicht, warum das Zurückhalten negativer Emotionen sowie Empathie und Selbstbewußtsein als emotionale Voraussetzungen der Anerkennung betrachtet werden können.[90]

Ich bin allerdings nicht so sicher, daß dies tatsächlich der Fall ist, und will meine Zweifel artikulieren. Das Modell der Kommunikation, das die Arbeitswelt und die Sphäre intimer Beziehungen durchdringt, ist mit Ambivalenzen befrachtet, da es nicht nur eine Methode bereitstellt, mit anderen in einen Dialog einzutreten, sondern auch die Sprache des Rechts und der ökonomischen Produktivität enthält, die nicht leicht mit dem Bereich interpersoneller emotionaler Beziehungen vereinbar ist. Ihrer Natur nach sind Emotionen situativ und indexikalisch; sie verweisen darauf, wie das Selbst innerhalb einer bestimmten Interaktion positioniert ist, so daß es sich mit ihrer Hilfe auf beschleunigte Weise genau dieser Position vergewissern kann. Emotionen

89 Siehe Honneth, *Kampf um Anerkennung*, a.a.O., S. 212-225.

90 Jürgen Habermas, *Faktizität und Geltung. Beiträge zur Diskurstheorie des Rechts und des demokratischen Rechtsstaats*, Frankfurt/M. 1992, S. 34.

orientieren das Handeln, indem sie sich einer impliziten und konkreten kulturellen Kenntnis besonderer Objekte bedienen und uns so Abkürzungen zur Verfügung stellen, um diese Objekte zu bewerten und ihnen gegenüber zu handeln (dieses Thema wird im nächsten Kapitel behandelt). Im Gegensatz dazu schaffen Wertrationalität, kognitive und instrumentelle Rationalität sowie »Kommensuration« (die allesamt erforderlich sind, um das Modell der Kommunikation flüssig umzusetzen) einen kognitiven Stil, der Beziehungen ihres besonderen Charakters beraubt und in Objekte verwandelt, die, weil sie mit Hilfe von Standards wie Fairneß, Gleichheit und Bedürfnisbefriedigung beurteilt werden, eher dazu neigen, das Schicksal ausgetauschter Waren zu teilen.[91]

Der Prozeß, den ich hier beschreibe, hat eine neue und scharfe Spaltung zwischen einem intensiven subjektiven Leben einerseits und einer zunehmenden Objektivierung der Mittel des Ausdrucks und des Austauschs von Emotionen andererseits geschaffen. Die therapeutische Kommunikation verleiht den Emotionen eine prozedurale Qualität, durch die sie ihre Indexikalität verlieren, mithin ihre Fähigkeit, uns schnell und unreflektiert im Netz unserer alltäglichen Beziehungen zu orientieren. Das Erfinden von Prozeduren, die dazu dienen, Emotionen zu bewältigen und sie durch angemessene und standardisierte Sprechmuster zu ersetzen, impliziert, daß sie zunehmend von konkreten und partikularen Handlungssituationen und Beziehungen abgekoppelt werden. Voraussetzung der »Kommunikation« ist, paradox genug, *die Aufhebung der eigenen emotionalen Verwobenheit mit einer sozialen Beziehung*. Zu kommunizieren heißt, mich aus meiner Position in einer konkreten und besonderen Beziehung zu lösen, um die Position eines abstrakten Sprechers anzunehmen, der seine Autonomie oder seine Sichtweise verteidigt. In letzter Konsequenz heißt

91 Wendy Nelson Espeland, »Commensuration and Cognition«, a.a.O., S. 83.

Kommunikation, die emotionale Kette aufzuheben oder aufzulösen, die uns an andere bindet. Gleichzeitig aber werden diese neutralen und rationalen Sprechmuster von einer sehr subjektivistischen Art der Legitimation eigener Empfindungen begleitet. Der Träger einer Emotion wird nämlich als letzte richterliche Instanz der eigenen Emotionen anerkannt. »Ich fühle, daß ...« verleiht nicht nur das Recht, so zu fühlen, sondern schafft auch die Berechtigung, allein auf der Basis dieses besonderen Fühlens akzeptiert und anerkannt zu werden. Über ein »Das verletzt mich« muß nicht groß diskutiert werden, ja, es verlangt sofortige Anerkennung der Verletzung. Das Modell der Kommunikation zerrt Beziehungen also in entgegengesetzte Richtungen: Einerseits werden die Beziehungen bestimmten Prozeduren des Sprechens untergeordnet, die auf eine Neutralisierung der emotionalen Dynamik von Gefühlen wie Schuld, Wut, Ressentiment, Scham oder Frustration hinauslaufen; andererseits intensiviert Kommunikation Subjektivismus und Emotionalisierung, da sie uns dazu bringt, unsere Emotionen allein aufgrund der Tatsache ihres Ausdrucks mit einer eigenen Geltung auszustatten. Ich bin mir nicht sicher, ob das der Anerkennung zuträglich ist, denn Anerkennung, so Judith Butler, »beginnt mit der Einsicht, daß man im Anderen verloren ist, angeeignet in einer und durch eine Alterität, die man ist und nicht ist«.[92]

So mag das gegenwärtige Ideal der Kommunikation, das unsere Modelle von sozialen Beziehungen so sehr durchdringt, dem entsprechen, was der Anthropologe Michael Silverstein als »Sprachideologie« bezeichnet. Eine Sprachideologie besteht aus einer Menge »selbstevidenter Ideen und Ziele, die sich eine Gruppe mit Blick auf die Rolle der Sprache im Kontext der sozialen Erfahrungen ihrer Mitglieder und ihres Beitrags zum Ausdruck der Gruppe zu eigen

92 Judith Butler, »Can the ›Other‹ of Philosophy Speak?«, in: Joan W. Scott und Debra Keates (Hg.), *Schools of Thought. Twenty-Five Years of Interpretive Social Science*, Princeton 2001, S. 58.

macht«.[93] Die Sprachideologie der Moderne beruht wohl auf dem speziellen Glauben an die Macht der Sprache, unsere soziale und emotionale Umwelt zu verstehen und zu kontrollieren. Wie diese Ideologie unsere Identität verändert hat, werde ich im anschließenden Teil erörtern.

93 Zitiert nach Kathryn Ann Woolard, »Introduction. Language Ideology as a Field of Inquiry«, in: Bambi B. Schieffelin, Kathryn Ann Woolard und Paul V. Kroskrity (Hg.), *Language Ideologies. Practice and Theory*, Oxford 1998, S. 4.

II. Leiden, emotionale Felder und emotionales Kapital

Im Jahre 1859 stellte Samuel Smiles in seinem außerordentlich erfolgreichen Buch *Self-Help* (Selbsthilfe) Biographien über Männer zusammen, die aus armseligen Verhältnissen zu Ruhm und Reichtum aufgestiegen waren (diese Selbsthilfe war maskulin; Frauen hatten in diesen Narrativen von Erfolg und Selbstvertrauen kaum Platz). Im wesentlichen ging es in dem Buch um die Verteidigung der viktorianischen Vorstellung individueller Verantwortung. Smiles beruft sich in typisch optimistischer Weise und mit einem für das 19. Jahrhundert charakteristischen Fortschrittsglauben auf den »Geist der Selbsthilfe, wie er sich in der energischen Tätigkeit der Individuen bekundet«, die »aus der Menge« hervorragen und sich vor den anderen auszeichnen. Ihr Leben, so Smiles, regt zum Denken an und steht exemplarisch für hartnäckige Arbeit, Integrität und einen »wirklich edlen, männlichen« Charakter. Die Macht der Selbsthilfe, so Smiles weiter, ist die Macht eines jeden, für sich selbst etwas zu erreichen. So hat das Ideal der Selbsthilfe in dem Maße demokratische Konnotationen, in dem es noch denen »in der niedrigsten Stellung« erlaubt, »sich eine geachtete Tüchtigkeit und einen wohlbegründeten guten Ruf zu verschaffen«.[1]

Ungefähr 60 Jahre später, nach dem Trauma des Erstens Weltkriegs, skizziert Freud in einer Rede vor Kollegen seine großartige und doch pessimistische Vision der kommenden Aufgaben der Psychoanalyse: »Gegen das Übermaß von neurotischem Elend, das es in der Welt gibt und vielleicht nicht zu geben braucht, kommt das, was wir davon wegschaffen können, quantitativ kaum in Betracht. Außerdem

1 Samuel Smiles, *Self-Help*, London 1882, S. 6 und 8 (dt. *Selbsthilfe*, Leipzig 1920, S. 13 ff., Rechtschreibung modernisiert).

sind wir durch die Bedingungen unserer Existenz auf die wohlhabenden Oberschichten der Gesellschaft eingeschränkt [...]. Für die breiten Volksschichten«, so Freud weiter, »die ungeheuer schwer unter den Neurosen leiden, können wir derzeit nichts tun.« Trotz seiner Aufforderung zur Demokratisierung der Psychoanalyse bleibt Freund skeptisch mit Blick auf die Bereitschaft des Armen, sich seiner Neurose zu entledigen, »weil das schwere Leben, das auf ihn wartet, ihn nicht lockt und das Kranksein ihm einen Anspruch mehr auf soziale Hilfe bedeutet«.[2] Wo Smiles annimmt, der einfache oder arme Mann könne sich über die Mühsal des gewöhnlichen Lebens mit Nüchternheit, Ausdauer und Energie hinausheben, erwähnt Freud die beunruhigende Möglichkeit, daß weder der Psychoanalytiker noch der arme Mann das »Übermaß von neurotischem Elend« beseitigen können, weil, wie Freud erklärt, vor dem Hintergrund der sozialen Bedingungen des Arbeiters eine Befreiung von der Neurose nur sein Elend verstärken würde. Im Gegensatz zu Smiles' Selbsthilfeethos, das davon ausgeht, moralische Stärke könne die eigene soziale Position und das eigene soziale Schicksal besiegen, vertritt Freud die pessimistische psychologische und soziologische Sicht, nach der die Fähigkeit, sich selbst zu helfen, durch die soziale Klassenzugehörigkeit konditioniert wird; und wie für andere psychische Entwicklungen gilt auch hier, daß eine solche Fähigkeit zerstört werden kann und sich nicht, ist sie einmal zerstört, durch einfache Willenskraft wiederherstellen läßt. Freud trifft hier also eine subtile soziologische und psychologische Feststellung: Damit eine Heilung erfolgen kann, muß sie sich in sozialen Profit umwandeln lassen. Auf diese Weise wird nicht nur eine Nähe zwischen psychischer Krankheit, Heilung und der eigenen sozioökonomischen Position suggeriert, sondern auch darauf hinge-

2 Sigmund Freud, »Wege der psychoanalytischen Therapie«, in: ders., *Studienausgabe*, Ergänzungsband, *Schriften zur Behandlungstechnik*, Frankfurt/M. 1975, S. 248 f.

wiesen, daß sich mit psychischem Leiden Geld verdienen läßt.

So stehen Smiles und Freud am Ende des 19. und am Anfang des 20. Jahrhunderts an den entgegengesetzten Polen des moralischen Diskurses über das Selbst. Smiles' Ethos der Selbsthilfe macht den Zugang zu Mobilität und zum Markt abhängig vom Ausüben einer Tugend, die sich mit Willen und Moral erlangen läßt. Im theoretischen Rahmen Freuds dagegen haben Selbsthilfe und Tugend keinen Platz. Das liegt daran, daß die im Herzen der Freudschen Perspektive lagernde Familienerzählung nicht linear, sondern, mit Erich Auerbach gesprochen, figurativ verläuft. Sie ist figurativ und nicht horizontal, weil das Figurative »zwei kausal und chronologisch weit voneinander entfernte Ereignisse verbindet, indem ihnen eine gemeinsame Bedeutung zugesprochen wird«.[3] Während Selbsthilfe hieß, das Leben als eine Serie gesammelter Erfolge zu betrachten, so daß man der Auffassung sein konnte, es entfalte sich langsam und stetig entlang einer horizontalen Linie, suggeriert das Freudsche Bild ein Selbst aus vielen unsichtbaren vertikalen Linien zwischen Schlüsselereignissen der eigenen Kindheit und der darauf folgenden psychischen Entwicklung; das Leben ist nicht linear, sondern zyklisch. Darüber hinaus war für Freud Gesundheit und nicht Erfolg das neue Ziel der Psyche; diese Gesundheit wiederum hing nicht am bloßen Willen, da sich die Heilung gewissermaßen hinter dem Cogito und hinter dem Willen des Patienten vollzieht. Einzig Übertragung, Widerstand, Traumarbeit, freie Assoziation – und nicht »Volition« sowie »Selbstkontrolle« – konnten eine psychische und letztlich auch eine soziale Transformation einleiten. Schließlich teilt uns Freud mit, daß der psychische Heilungsprozeß nicht demokratisch

3 Zitiert nach J. Melvin Woody, »The Unconscious as a Hermeneutic Myth. A Defense of the Imagination«, in: James Phillips und James Morley (Hg.), *Imagination and Its Pathologies*, Cambridge/Mass. 2003, S. 191.

und gleichmäßig unter den sozialen Schichten verteilt sein kann. Mehr noch, Freud legt nahe, daß die Therapie eine versteckte Affinität zu sozialen Privilegien besitzt.

Wenn wir uns allerdings die zeitgenössische amerikanische Kultur vor Augen führen, sehen wir eine ganze Reihe ironischer Verkehrungen dieses Sachverhalts: In der Selbsthilfekultur, die Amerika überschwemmt hat, haben sich Smiles' Ethos der Selbstverbesserung und Freudsche Ansätze mittlerweile so stark vermischt, daß es kaum noch möglich ist, sie zu unterscheiden. Gerade aufgrund dieser Allianz zwischen Selbsthilfe und Psychologie ist psychisches Elend – in Form eines Narrativs, in dem das Selbst verletzt wurde – zum Identitätsmerkmal der Arbeiter und der bessergestellten Angestellten geworden. Eine vernachlässigte Kindheit, übervorsichtige Eltern, ein versteckter Mangel an Selbstachtung, Arbeitssucht, Sex, Nahrung, Wut, Phobien, Furcht – all das sind jetzt »demokratische« Leiden, weil sie sich nicht länger eindeutig einer Klasse zuordnen lassen. Auf der Grundlage dieses Prozesses einer allgemeinen Demokratisierung des psychischen Leidens ist das Heilen auf merkwürdige Weise zu einem lukrativen Geschäft und einer blühenden Industrie geworden.

Wie können wir das Entstehen eines Identitätsnarrativs verstehen, in dem sich mehr denn je ein Ethos der Selbsthilfe entfaltet, das aber zugleich ein Narrativ des Leidens ist? Wie läßt sich der Zusammenhang zwischen emotionalem Leiden und sozialer Klasse artikulieren? Wie können wir die Verbindungen zwischen emotionalem Leben, Klassenungleichheit und Klassenreproduktion verstehen? Dies sind extrem umfassende Fragen, die in diesem Rahmen nicht angemessen beantwortet werden können. Ich will daher nur versuchen, einige allgemeine Linien dieser Problematik nachzuzeichnen.

Im amerikanischen Kontext konnte der therapeutische Diskurs in dem Augenblick zu einem Narrativ des Selbst werden, in dem er mit dem Selbsthilfenarrativ eines der wesentlichen – wenn nicht das wesentliche – Identitätsnarrative erneuerte und sich einverleibte. Die Therapie konnte zu einer weiteren Version dieses alten Selbsthilfenarrativs werden, weil mehrere Faktoren zusammenkamen. So gab es, erstens, interne Veränderungen der psychologischen Theorie, die sich zunehmend vom Freudschen Determinismus verabschiedete und einen optimistischeren und offeneren Blick auf die Entwicklung des Selbst gewann. Heinz Hartmann, Ernst Kris, Rudolph Loewenstein, Alfred Adler, Erich Fromm, Karen Horney und Albert Ellis – sie alle lehnten, bei allen Unterschieden, den Freudschen Determinismus der Psyche ab und bevorzugten eine flexiblere, offene Sichtweise des Selbst, so daß sich neue Möglichkeiten für eine größere Vereinbarkeit der Psychologie mit der (spezifisch amerikanischen) Einstellung, wonach man sein Schicksal selbst in die Hand nehmen soll, ergaben. Der therapeutische Diskurs fand dabei vor allem Widerhall in der sogenannten Mind-cure-Bewegung, die im 19. Jahrhundert sehr populär war und davon ausging, daß der Geist Krankheiten heilen kann.

Diese neuen psychologischen Narrative, die die Möglichkeit des Selbstwandels und der Selbstformung zuließen, konnten sich, das ist der zweite Punkt, aufgrund der »Taschenbuch-Revolution« ausbreiten, die 1939 von preisgünstigen *Pocket Books* eingeleitet wurde und die dazu beitrug, den Konsumenten bezahlbare Bücher nahezubringen. Mit Hilfe dieser Taschenbuch-Revolution gelang es der Populärpsychologie, ein sich ständig ausweitendes Publikum aus den unteren und mittleren Schichten zu gewinnen. Die Bücher fanden sich sogar in kleinen Lebensmittelläden, an Bahnhöfen oder in Drogerien und trugen so zur Konsolidierung einer bereits blühenden Selbsthilfe-Industrie bei.

Die Autorität der Psychologen weitete sich auch in dem Maße aus, in dem in den späten 1960er Jahren politische Ideologien, die in der Lage gewesen wären, sich individualistischen und psychologischen Konzeptionen des Selbst entgegenzustellen, an Einfluß verloren. So schreibt der Soziologe Steve Brint: »Die Macht der spezialisierten Berufe ist dann am größten [...], wenn die professionellen Experten in einer entpolitisierten Umwelt arbeiten, die ihre Prämissen nicht weiter hinterfragt. [...] Professioneller Einfluß kann stark sein, wenn diese Experten in der Lage sind, ohne nennenswerte Gegenideologie kulturelle Werte zu definieren.«[4] Um genauer zu sein: Wenn die 60er Jahre des letzten Jahrhunderts eine politische Botschaft hatten, dann spielten Sexualität, die Entwicklung des Selbst und das private Leben für diese eine zentrale Rolle. Die Reifung und Ausweitung der Konsumgütermärkte trug im Verbund mit der »sexuellen Revolution« zur gestiegenen Sichtbarkeit und Autorität der Psychologen bei, weil diese beiden kulturellen und ideologischen Diskurse – also der Konsumismus und die sexuelle Befreiung – in gleichförmiger Weise das Selbst, die Sexualität und das Privatleben zu Hauptorten der Bildung und des Ausdrucks der Identität machten. In diesem Kontext war es nicht nur leicht, sondern auch ganz natürlich, daß die Psychologen in den neuen politischen Diskurs hineingezogen wurden, der sich hauptsächlich um Sexualität und um das Verhältnis der Geschlechter drehte. Der Anspruch auf eine freie Sexualität und Selbstverwirklichung verband sich aufs engste mit Diskursen, in denen es um eine Ausweitung des Anwendungsbereichs von Rechten ging, ein Bereich, der auf immer mehr Gruppen ausgedehnt werden sollte.

Die Bewegung, die der Psychologie half, besonders tief in die Populärkultur einzudringen und die auf dramatische

4 Steve Brint, »Rethinking the Policy Influence of Experts. From General Characterizations to Analysis of Variation«, in: *Sociological Forum*, 5:1, 1990, S. 373 ff.

Weise zur Veränderung von Selbstbildern beitrug, war die humanistische Bewegung, in der vor allem Abraham Maslow und Carl Rogers zentrale Rollen übernahmen. Rogers hielt den Menschen grundsätzlich für gut und gesund; geistige Gesundheit entsprach in seinen Augen dem normalen Weg des Lebens, so daß Geisteskrankheit, Kriminalität und andere menschliche Probleme als Verzerrungen dieser natürlichen Gerichtetheit auf Gesundheit eingestuft wurden. Darüber hinaus basierte seine ganze Theorie auf dem einfachen Gedanken einer Selbstverwirklichungstendenz, die sich als eine in jeder Lebensform gegenwärtige Motivation zur möglichst vollständigen Entfaltung ihrer Potentiale definieren läßt. In einem 1954 am Oberlin College gehaltenen Vortrag heißt es: »Ob man dies eine Tendenz zur Entfaltung, einen Drang zur Selbstaktualisierung oder eine sich vorwärtsentwickelnde Gerichtetheit nennt, es handelt sich um die Haupttriebfeder des Lebens und ist letztendlich die Tendenz, von der die ganze Psychotherapie abhängt. Es ist der Drang, der sich in allem organischen und menschlichen Leben zeigt: sich auszuweiten, auszudehnen, zu entwickeln, autonom zu werden, zu reifen; die Tendenz, alle Fähigkeiten des Organismus in dem Maße auszudrücken und zu aktivieren, in dem solche Aktivierung den Organismus sich entfalten läßt oder das Selbst steigert.« Diese Tendenz, so Rogers weiter, wartet nur auf die »richtigen Bedingungen [...], um sich freizusetzen und auszudrücken«.[5] Für Rogers ist Wachstum eine universelle Tendenz, die nie abwesend, sondern nur verborgen ist.

Es war allerdings Abraham Maslow, der diese und ähnliche Ideen am erfolgreichsten in der amerikanischen Kultur verbreiten sollte. Maslows Annahme eines Bedürfnisses nach Selbstverwirklichung brachte ihn zu einer erstaunlich

5 Carl R. Rogers, *On Becoming a Person. A Therapist's View of Psychotherapy*, Boston 1961, S. 35 (dt. *Entwicklung der Persönlichkeit. Psychotherapie aus der Sicht eines Therapeuten*, Stuttgart [5]1985, S. 49).

erfolgreichen Hypothese, daß es die Furcht vor Erfolg ist, die eine Person daran hindert, Größe und Selbsterfüllung zu erstreben. So definierte Maslow eine neue Kategorie von Menschen: die, die sich dem psychologischen Ideal der Selbsterfüllung nicht anpaßten, waren nun krank. Eine solche Sicht menschlicher Entwicklung konnte kulturelle Deutungsmuster des Selbst durchdringen und transformieren, weil sie mit der liberalen Position harmonierte, nach der Selbstentwicklung ein Recht war. Genau dadurch aber erhielten die Psychologen ein enorm erweitertes Handlungsfeld. Nicht nur schritten die Psychologen vom Bereich schwerer psychischer Störungen zum ungleich breiteren Feld neurotischen Elends weiter; sie begannen nun die Idee zu formulieren, daß Gesundheit und Selbstverwirklichung ein und dasselbe waren. Menschen mit einem Leben ohne Selbstverwirklichung brauchten nun Hilfe und Therapie. Es ist sicher richtig, daß die Idee der Selbstverwirklichung nur die in den 60er Jahren virulente Kritik am Kapitalismus und die Forderung nach neuen, nicht-materiellen Formen des Selbstausdrucks und Wohlbefindens wiederholte; doch der therapeutische Diskurs ging weiter, weil er die Frage des Wohlbefindens in medizinische Metaphern kleidete und so das alltägliche Leben pathologisierte.

Die Aufforderung, das »vollständigste« oder am meisten »verwirklichte« Selbst zu werden, enthielt keine Richtlinien, mit deren Hilfe sich feststellen ließ, wodurch sich ein vollständiges von einem unvollständigen Selbst unterscheidet. Die Psychologen entwarfen eine neue emotionale Hierarchie, die zwischen selbstverwirklichten Individuen und denen, die mit allen möglichen Problemen kämpften, unterschied. Zu den auffälligsten Merkmalen der Therapiekultur zählt aber wohl, daß sie in dem gleichen Augenblick, in dem sie Gesundheit und Selbstverwirklichung ins Zentrum der Selbstnarration stellte, viele Verhaltensformen als Zeichen und Symptome für ein »neurotisches«, »ungesundes« oder »selbstzerstörerisches« Selbst behandelte. Mehr noch, wenn man die Annahmen untersucht, die den meisten durch Therapiesprache geprägten Büchern zugrunde liegen, tritt ein klares Muster zutage, das die therapeutische Art den Denkens strukturiert: Das Ideal der Gesundheit oder Selbstverwirklichung definiert e contrario eine Vielfalt von Dysfunktionalitäten. Mit anderen Worten: Emotional ungesunde Verhaltensformen werden aus impliziten Bezügen zu und Vergleichen mit dem Modell und Ideal des »vollständig selbstverwirklichten Lebens« abgeleitet. Würden wir dieses Ideal auf den Bereich physischer Gesundheit übertragen, müßten wir in analoger Weise sagen, daß jemand, der das volle Potential seiner Muskelkraft nicht ausspielt, krank ist, mit dem Unterschied nur, daß der psychologische Diskurs die Definition dessen, was als »kräftiger Muskel« gilt, im unklaren läßt und stets hin- und herbewegt.[6]

Ich will ein konkretes Beispiel eines solchen Narrativs vorstellen. Wie ich bereits zu Beginn ausgeführt habe, betrachteten die Psychologen Intimität als ein Ideal, das in sexuellen, aber auch in ehelichen Beziehungen erreicht werden sollte. Im Kontext enger Beziehungen wurde Intimität, wie Selbstverwirklichung und andere von Psychologen erfundene Kategorien, zum Codewort für »Gesundheit«. Gesunde Beziehungen waren intim, Intimität war gesund. War der Begriff der Intimität erst einmal als Norm und Standard für gesunde Beziehungen etabliert, ließ sich die Abwesenheit von Intimität zum organisatorischen Rahmen eines neuen therapeutischen Narrativs des Selbst erheben. In diesem Narrativ verwies die Abwesenheit der Intimität nun auf eine fehlerhafte emotionale Konstitution, also etwa auf eine *Furcht* vor Intimität. Ein Therapeut, der in einem *Redbook*-Artikel zitiert wird, sagt es so: »In unserer Gesellschaft fürchten sich die Menschen eher vor Intimität als vor Sex. [...] Hat jemand Probleme mit Intimität, hat er in der Regel

6 Lawrie Reznek, *The Philosophical Defense of Psychiatry*, New York 1991.

auch sexuelle Schwierigkeiten in engen Beziehungen, selbst wenn es in oberflächlicheren Affären durchaus funktioniert.«[7] Therapeutische Narrative sind tautologisch, denn wenn sie einen emotionalen Zustand als gesund und erstrebenswert deklariert haben, verweisen alle Verhaltensformen, die diesem Ideal nicht entsprechen, nicht nur auf unbewußte Emotionen, die einen am Erreichen der Gesundheit hindern, sondern auch auf einen verborgenen Wunsch, ihr zu entfliehen. In einer am 29. April 2005 ausgestrahlten Sendung von Oprah Winfrey etwa sehen wir eine leicht übergewichtige Frau, die von Eheproblemen geplagt wird (es gefiel ihrem Mann nicht, daß sie seit ihrer Heirat zugenommen hatte). Setzt man die implizite Prämisse voraus, daß Intimität gesund ist, und betrachtet dann das Gewicht der Frau als Hindernis auf dem Weg zur Intimität, läßt sich ihr Unvermögen, Gewicht zu verlieren, als Ausgangspunkt für ein Narrativ psychologischer Gesundheit interpretieren. Und tatsächlich suggeriert ein Psychologe, der eigens eingeladen wurde, um ihre Geschichte als psychologisches Problem zu behandeln, daß sie ihr Gewicht im Sinne einer unbewußten Rache an ihrem Ehemann pflegt. Die »übergewichtige« Frau protestiert, allerdings nur sehr oberflächlich; sie stimmt zu, daß es unbewußte Gründe für ihr Gewicht gebe, das aber biete ihr die Möglichkeit, potentielle Liebhaber von sich zu stoßen, um so ihrem Ehemann treu zu bleiben. Wie im religiösen Narrativ hat im therapeutischen Narrativ alles eine verborgene Bedeutung. So wie menschliches Elend unter Bezug auf einen verborgenen göttlichen Plan erklärt wird, so erfüllen die für uns scheinbar schädlichen Entscheidungen im therapeutischen Narrativ ein verstecktes Bedürfnis oder eine unbekannte Absicht. Genau an diesem Punkt verbinden sich das Narrativ der Selbsthilfe und das des Leidens, denn wenn wir heimlich unser Elend wünschen, kann das Selbst direkt zur Verantwortung gezogen werden, um es zu beseitigen. Verliebt sich eine Frau

7 Carol Botwin, »The Big Chill«, in: *Redbook*, Februar 1985, S. 105.

immer wieder in ungreifbare und lieblose Männer, muß sie nur ihrem eigenen Selbst wenn schon keine Vorwürfe machen, so doch zumindest seine Veränderung herbeiführen. Das Narrativ der Selbsthilfe ist so nicht nur eng verwoben mit dem Narrativ des psychischen Scheiterns und Elends, es wird letztlich von diesem angetrieben. Die Erbschaft, die Freud der Populärkultur hinterlassen hat, läuft paradoxerweise darauf hinaus, daß wir selbst dann Herr in unserem Haus sind, wenn es brennt.

Es ist häufig angenommen worden, daß Institutionen kulturelle Kohärenz nicht sosehr durch Herstellen von Uniformität als vielmehr durch das Organisieren von Differenz aufbauen. Institutionen sind, in den Worten William Sewells, »nicht nur ständig damit beschäftigt, zu normalisieren und homogenisieren, sie hierarchisieren auch, schließen ein und schließen aus, sie kriminalisieren, hegemonialisieren oder marginalisieren Praktiken und Bevölkerungsteile, die vom sanktionierten Ideal abweichen«.[8] Was sich mit Blick auf den therapeutischen Diskurs als besonders interessant und vielleicht auch als beispiellos erweist, ist die Tatsache, daß es ihm gelungen ist, das Selbst vor dem Hintergrund eines moralischen und wissenschaftlichen Ideals der Normalität und einer damit verbundenen allgemeinen »Differenz« zu institutionalisieren. Durch die Annahme eines undefinierten und stets weiter ausgreifenden Gesundheitsideals konnte jedes Verhalten e contrario als »pathologisch«, »krank«, »neurotisch«, als »unangepaßt«, »dysfunktional« oder, allgemeiner, »nicht selbstverwirklicht« betrachtet werden. Das therapeutische Narrativ setzt Normalität und Selbstverwirklichung als Ziel des Selbstnarrativs fest, aber weil dem Ziel nie ein klarer und positiver Inhalt gegeben wird, kann es de facto eine ganze Reihe nicht selbstverwirklichter und daher kranker Menschen hervor-

8 William H. Sewell, »The Concept(s) of Culture«, in: Victoria E. Bonnell und Lynn Hunt (Hg.), *Beyond the Cultural Turn. New Directions in the Study of Society and Culture*, Berkeley 1999, S. 56.

bringen. Selbstverwirklichung wird eine kulturelle Kategorie, die ein sisyphoshaftes Spiel Derridascher Differenzen produziert.

Wenn sie nur im Geist leben, bleiben kulturelle Ideen schwach. Sie müssen sich um Objekte herum kristallisieren, um Interaktionsrituale und Institutionen. Die Kultur ist, mit anderen Worten, in sozialen Praktiken verkörpert, sie muß praktisch und theoretisch funktionieren. Die Arbeit der Kultur besteht genau darin, diese Ebenen miteinander zu verbinden. So erstreckt sich die Kultur vom elaborierten Denksystem bis hin zu alltäglichen Handlungen.[9] Nur im Kontext eines praktischen Rahmens kann ein theoretischer Diskurs in gewöhnliche Selbstverständnisse integriert werden.

Das therapeutische Narrativ der Selbstverwirklichung ist so breitenwirksam, weil es an vielen verschiedenen sozialen Orten umgesetzt wird: in Selbsthilfegruppen und Talkshows, in Beratungsgesprächen und Rehabilitationsprogrammen, in kommerziellen Workshops und Therapiesitzungen, schließlich auch im Internet. An all diesen Orten wird das Selbst aufgeführt, inszeniert und neu justiert. So sind diese Orte zu unsichtbaren und doch ungemein verbreiteten Anhängen in der stets fortgesetzten Arbeit des Habens und Aufführens eines Selbst geworden. Manche dieser Orte nehmen den Charakter einer zivilgesellschaftlichen Selbstorganisation an (Anonyme Alkoholiker), manche sind mittlerweile zu kommerzialisierten sozialen Formen geronnen. Um nur eines der erfolgreichsten und international ausgedehntesten Beispiele hierfür zu geben: Die *Landmark Education Corporation* (LEC, auch bekannt als »Forum«, früher als EST), die dreitägige Workshops anbietet, um Menschen zum Handeln zu ermächtigen, hat jährliche Bruttoumsätze von ca. 50 Millionen Dollar. Der Firmensitz liegt zwar in San Francisco, aber es gibt 42 Niederlassungen in

9 Terry Eagleton, *Ideology. An Introduction*, London 1991, S. 48 (dt. *Ideologie. Eine Einführung*, Stuttgart 2000, S. 59).

elf Ländern, was den Schluß nahelegt, daß Selbstverwirklichung und ihre Kommodifizierung ein globales Unternehmen geworden sind. Die *Landmark Education Corporation*, deren Workshops viel Geld kosten, sieht es als ihre Aufgabe an, die »Menschen dazu zu befähigen, außergewöhnliche Ergebnisse zu produzieren und die Qualität ihres Lebens zu steigern«. Zum Zwecke dieser Untersuchung habe ich an einem dieser Workshops teilgenommen. Während der drei Workshoptage wurde das Narrativ der Selbstverwirklichung in Bewegung gesetzt, indem die Teilnehmer gebeten wurden, sich auf einen dysfunktionalen Aspekt ihres Lebens zu konzentrieren (Bespiele für die Produktion eines solchen Narrativs: »Ich bin Single und finde keinen Partner«, »Ich hatte viele Freundinnen, konnte mich aber an keine von ihnen binden«, »Ich habe seit fünf Jahren nicht mehr mit meinem Vater gesprochen, weil er mein Leben nicht akzeptiert«, »Ich bin mit meiner Arbeit unzufrieden und kann nichts daran ändern«). Um das zu tun, sollten sie ein System von Analogien zwischen unterschiedlichen, vermeintlich wiederkehrenden Aspekten ihres Lebens entwerfen. Anschließend sollten sie sich in ein Narrativ der Selbstverwirklichung hineindenken, um ihr Leben neu auszurichten.

Daniel zum Beispiel, der an einem Workshop der *Landmark Corporation* teilnahm, erzählt im Internet folgende Geschichte: »Eine meiner eingespielten, automatischen Verhaltensweisen entstand, als ich elf Jahre alt war und gezwungen wurde, vor meinen Freunden einzuräumen, daß ich zu schüchtern war, ein auf der anderen Straßenseite wohnendes Mädchen zu küssen. Ich fühlte mich erniedrigt und glaubte von da an nicht mehr, mit Mädchen umgehen oder mich ihnen stellen zu können. Als Kompensation entwarf ich mich neu, lernte viel, wurde arbeitsam, ernst und verantwortungsvoll. Dazu gehörte, daß ich die Dinge allein machen mußte, ganz für mich selbst. Das wurde meine Siegesformel und ist es auch immer noch, aber da ich sie nun durchschaue, muß ich ihr nicht immer folgen. So bin ich frei, auf eine Weise zu sein und Dinge zu schaffen, die ich vormals als allzu außergewöhnlich oder gar als bedrohlich eingestuft hätte. Ich bin nicht mehr so streng und bin besser in der Lage, eine größer werdende Anzahl von Menschen und Tätigkeiten in mein soziales Umfeld, meine Gemeinschaft und meine Arbeit zu integrieren.«[10] Wir sehen, wie in dieser Geschichte das therapeutische Narrativ am Wirken ist. Der narrative Rahmen verlangt, daß eine Person eine Pathologie identifiziert, in diesem Fall eine »automatische« Art zu sein (automatisch ist hier der Gegensatz zu selbstbestimmt). Ist das automatische Verhalten identifiziert, schafft die Person kausale Verbindungen zur Vergangenheit. So erkennt sie einen Kindheitsvorfall, durch den das Selbst angeblich geschmälert worden ist. Dieser Vorfall wiederum soll seinerseits entscheidend für die nachfolgende Lebensführung geworden sein. Damit illustriert die Geschichte gut, daß jedes Verhalten, sogar sozialverträgliches Verhalten wie harte Arbeit, Ernsthaftigkeit oder Arbeitseifer, »pathologisiert« wird. Da harte Arbeit in normativer Hinsicht normalerweise empfohlen wird, muß sie hier als »zwanghaft« reinterpretiert werden, um als Pathologie »durchzugehen«. In Übereinstimmung mit der vom »Forum« zur Verfügung gestellten narrativen Struktur versucht der Mann auch, die Vorteile seines »pathologischen« Verhaltens zu identifizieren, um so erklären zu können, warum sich sein Verhalten für ihn nicht schlecht »anfühlte« und um sich für die Verhaltensänderung zur Verantwortung zu ziehen und das Narrativ der Selbstwandlung und Selbsthilfe in Gang zu setzen.

Durch die Diffusionskraft des Marktes verwandelt sich das therapeutische Ethos von einem Wissenssystem in das, was Raymond Williams eine Gefühlsstruktur genannt hat. Der Begriff der »Gefühlsstruktur« benennt zwei gegensätzliche Phänomene: Das »Gefühl« verweist auf eine Erfah-

10 http://www.landmarkeducation.com

rung, die verschwommen ist, die also für uns definiert, wer wir sind, ohne das wir in der Lage wären, dieses »wer wir sind« zu artikulieren. Der Begriff der »Struktur« dagegen suggeriert, daß diese Erfahrungsebene eine zugrundeliegende Struktur besitzt, mithin also eher systematisch als willkürlich ist.[11] Die therapeutische Selbsthilfekultur ist also ein informeller und fast verschwommener Aspekt unserer sozialen Erfahrung, aber sie ist auch ein tief verinnerlichtes kulturelles Schema, das die Wahrnehmung des Selbst und die Wahrnehmung anderer, die eigenen Autobiographie und interpersonale Interaktionen organisiert.

So hat das therapeutische Narrativ zum Beispiel die Art der Sprache und des Bekenntnisses in einem Genre strukturiert, das in den letzten 15 Jahren entstanden ist und das Medium Fernsehen komplett verändert hat: die Talkshow. Das erfolgreichste und bekannteste Beispiel eines solchen Fernsehgenres ist die *Oprah Winfrey Talkshow*, die täglich von mehr als 33 Millionen Zuschauern gesehen wird. Oprah Winfrey ist berüchtigt für ihren therapeutischen Interviewstil und hat intensiv für einen therapeutischen Stil der Selbstverbesserung geworben.[12] Hier ein Beispiel für die Art, in der Oprah Winfrey, ähnlich dem »Forum«, ihren Gästen ein therapeutisches Narrativ anbietet, mit dessen Hilfe diese ihr Selbstverständnis rahmen können: Sue will die Scheidung einreichen. Ihren Mann Gary macht die Aussicht auf Scheidung unglücklich, weswegen er unbedingt zu seiner Frau zurückwill. Sein Wunsch, zu seiner enttäuschten Frau zurückzukehren, wird als psychologisches Problem konstruiert, und zwar unter der allgemeinen Überschrift »Warum man zu seinem Ex-Partner zurückwill«. Die Psychotherapeutin Carolyn Bushong übernimmt die Aufgabe, Garys Geschichte als Problem zu konstruieren, und liefert das Narrativ, das sein Verhalten erklären kann:

11 Siehe Terry Eagleton, *Ideology*, a.a.O. (dt. *Ideologie*, a.a.O.).

12 Eva Illouz, *Oprah Winfrey and the Glamour of Misery. An Essay on Popular Culture*, New York 2003.

Winfrey: Zu uns gekommen ist nun Carolyn Bushong. Sie ist Psychotherapeutin, und ihr Buch trägt den Titel *Loving him without losing you* (Ihn lieben, ohne dich zu verlieren). Sie sagt, Liebe sei normalerweise nicht der Grund, warum manche Leute über ihren Ex-Partner nicht hinwegkommen. Ist es so?

Carolyn Bushong: Na ja, es gibt eine Menge Gründe, aber viel hat mit Ablehnung zu tun. Das ist es, was Gary hier festhält... er braucht... Du willst sie zurückgewinnen, damit Du mit Dir selbst ins reine kommst... [Später in der Sendung] Gary ist süchtig danach. Und das ist das Gefühl, daß ich eine schlechte Person bin. Daß... mein Ex sagt, ich sei eine schlechte Person. Und vielleicht bin ich eine schlechte Person. Wenn ich sie also davon überzeugen kann, daß ich keine schlechte Person bin, dann wird alles wieder in Ordnung sein mit beiden... Indem ich das Unrecht korrigiere, das ist wieder der Teil, wo ich mich vielleicht schuldig für das fühle, was ich getan habe und ich will... Ich will es der Person gegenüber wiedergutmachen, so daß meine Schuld verschwinden kann.

Winfrey: Fühlst Du auch Schuld, Gary?

Gary: Klar.

Carolyn Bushong: Ja, weil Du versuchst, Sue zu kontrollieren.

Winfrey: Und Du willst sagen, wenn Du mich bloß wiedernimmst, zeige ich Dir, daß ich das nicht mehr machen werde.

Gary: Ja, so habe ich mich in den letzten Jahren gefühlt.

Winfrey: Ja, OK, daß Du nicht leben oder mit... mit oder ohne den Ex leben kannst.

Carolyn Bushong: Und das führt zur Abhängigkeit, zu abhängigen Beziehungen. Es gibt so viele Beziehungen, wo, ihr wißt schon, die Leute fühlen »Ich will diese Person, ich liebe sie, aber ich hasse sie«.[13]

Es gibt einiges, was hier erwähnenswert ist: Therapeutische Narrative schaffen Marktlücken, Zuschauer, die gleichzeitig als potentielle Patienten und Konsumenten definiert werden. Menschen, die »zu sehr lieben« oder »ohne ihren Ex nicht leben können« werden durch die Berufstherapeuten, die Verlagsindustrie und die Fernsehtalkshows zugleich als Konsumenten und als Kranke konstituiert. Darüber hinaus können wir beobachten, wie das therapeutische Narrativ Emotionen, in diesem Fall Schuld, in öffentliche Objekte verwandelt, die zur Schau gestellt werden, über die gespro-

13 Sendung vom 28. März 1995 (Can't get Over Your Ex).

chen und gestritten wird. Das Subjekt partizipiert am öffentlichen Leben über die Konstruktion und Zurschaustellung seiner »privaten« Emotionen. Was schließlich dazu beiträgt, das eigene Leben als therapeutisches Narrativ neu zu schreiben, ist das Ziel der Erzählung.[14] Mit anderen Worten, es sind solche narrativen Ziele wie »sexuelle Befreiung«, »Selbstverwirklichung«, »Intimität« oder »einvernehmliche Scheidung«, die einerseits zwar die Komplikationen hervorrufen, die also bestimmen, was mich daran hindert, das Ziel zu erreichen, die andererseits aber auch vorgeben, welche Aspekte der eigenen Vergangenheit Aufmerksamkeit verdienen und gleichzeitig die emotionale Logik nahelegen, die aus diesen Ereignissen eine Einheit macht («Intimität bleibt mir fremd, weil ich mich vor ihr fürchte; das wiederum liegt daran, daß sich meine Mutter nie um meine Bedürfnisse gekümmert hat, als ich ein Kind war und ständig nach ihrer Aufmerksamkeit verlangte«. Oder: »Ich sollte mich einvernehmlich scheiden lassen; gelingt mir das nicht, dann, weil ich ein Problem habe, das der eigentliche Grund für meine Ablehnung der Scheidung ist.«) In diesem Sinne ist das therapeutische Narrativ rückwärts geschrieben. Das ist im übrigen auch der Grund, warum die therapeutische Kultur auf paradoxe Weise Leiden und Traumata favorisiert. Das therapeutische Narrativ der Selbstverwirklichung kann nur funktionieren, wenn die Komplikation im Innern der Erzählung akzeptiert wird – was mich daran hindert, glücklich, intim oder erfolgreich zu sein –, so daß ihr mit Blick auf die eigene Vergangenheit ein Sinn abgewonnen werden kann. Dieses Narrativ läßt einen auf strukturelle Weise das eigene Leben als allgemeine Dysfunktion verstehen, die überwunden werden muß. So stellt das Narrativ negative Emotionen wie Scham, Schuld, Furcht oder

14 Kenneth J. Gergen und Mary M. Gergen, »Narrative and the Self as Relationship«, in: Leonard Berkowitz (Hg.), *Advances in Experimental Social Psychology*, Band 21, New York 1988, S. 18.

Ungenügen in den Vordergrund, ohne moralische Schemata oder Vorwürfe in Anschlag zu bringen. Das therapeutische Narrativ paßt besonders gut zum Genre der Autobiographie und hat es in relevanten Hinsichten verändert. Ja, in der therapeutischen Autobiographie wird Identität über die Erfahrung des Leidens und durch das mit Hilfe des Erzählens der Geschichte gewonnene Verständnis der Emotionen gefunden und ausgedrückt. Im 19. Jahrhundert waren autobiographische Narrative oft interessant, weil sie ein »Vom Tellerwäscher zum Millionär«-Muster enthielten; zeitgenössische Autobiographien dagegen sehen anders aus; selbst im Scheitelpunkt von Ruhm und Reichtum drehen sie sich um psychische Qualen. Drei Beispiele sollen zeigen, was ich meine. Das erste dreht sich um Oprah Winfrey, die ihr Leben auf dem Höhepunkt ihres Ruhms wie folgt konstruieren konnte:

»Vor dem Buch [es handelt sich um ein autobiographisches Buch, das sie schreiben sollte] war sie emotional verloren in den düsteren und erdrückenden Tiefen des Selbstzweifels. [...] Wichtig ist, wie sie sich im Innern fühlt, in den entlegensten Korridoren ihrer Seele. Dort fühlte sie sich nie gut genug. Daraus fließt alles: ihr ewiger Kampf gegen die Fettleibigkeit (›Die Pfunde repräsentierten das Gewicht meines Lebens‹), ihre sexuell aktive Jugend (›Das geschah nicht, weil ich Spaß dabei hatte, überall Sex zu haben. Es geschah, weil ich, nachdem es einmal angefangen hatte, die anderen Jungs nicht enttäuschen wollte‹), ihre Bereitschaft, sich aus Liebe für einen Mann lächerlich zu machen (›Ich wurde in vielen Beziehungen mißhandelt, weil ich das Gefühl hatte, genau das zu verdienen‹). ›Ich weiß, es sieht so aus, als hätte ich alles‹, sagt Oprah, und schaut in ihrem 20 Millionen Dollar teuren und 88000 Quadratmeter großen Film- und TV-Komplex, der westlich an die Innenstadt von Chicago grenzt, umher. ›Die Leute meinen, wenn man nur im Fernsehen ist, hätte man alles. Aber ich habe mich mit meinem eigenen Selbstwertgefühl viele, viele Jahre herumgeschlagen. Erst jetzt komme ich langsam damit klar.‹«[15]

Das Narrativ des psychischen Leidens skizziert Biographien als Biographien, in denen das Selbst nie ganz »fertig« ist und in denen das Leiden konstitutiv für die eigene Identität wird. In der neuen therapeutischen Autobiographie ist es nicht der Erfolg, der die Erzählung voranbringt; es ist vielmehr die Möglichkeit der Selbstauflösung inmitten des weltlichen Erfolgs. So kann etwa eine Schauspielerin, die so jung und erfolgreich ist wie Brooke Shields, eine Autobiographie schreiben, die eine Darstellung ihrer Wochenbettdepression enthält.[16] In ähnlicher Weise entfaltet Jane Fonda in ihrem Buch *My Life so Far* ihr Leben als emotionales Drama, das mit einer unglücklichen Kindheit als Tochter eines kaltherzig-distanzierten Vaters anhebt und drei gescheiterte Ehen hervorbringt.[17] Die Rezensentin der *New York Times* bespricht das Buch in sarkastischer Weise: »Fonda bietet sechs Jahrzehnte erschöpfender Ausgrabungen ihrer verlorenen und wiedergefundenen Selbste. *My Life so Far* ist kein lyrischer Titel, aber er erfaßt gut den sisyphos-oprahhafen Kampf der jungianischen Jane um Bewältigung ihres Leidens und um Verbannung ihrer Dämonen. Ihr Buch ist ein Psychogeplapper [...], in dem es zunächst um den Verlust der Authentizität und des Körpergefühls geht, dann um den Versuch, diesen Körper wieder zu bewohnen und ihr Frausein, ihren Raum, ihre Vagina, ihre Führungskraft, ihre Falten, ihre Mutter erneut zu ›besitzen‹, so daß das ›authentische Selbst‹ auftauchen kann.«[18] Diese drei Biographien mächtiger, erfolgreicher

15 Laura B. Randolph, »Oprah Opens Up About Her Weight, Her Wedding, and Why She Withheld the Book«, in: *Ebony*, 48: 12, Oktober 1993, S. 130.

16 Brooke Shields, *Down Came the Rain. My Journey Through Postpartum Depression*, New York 2005.

17 Jane Fonda, *My Life so Far*, a.a.O.

18 Maureen Dowd; »The Roles of a Lifetime«, in: *New York Times Book Review*, 24. April, 2005, S. 13.

und schillernder Frauen folgen also der Struktur eines andauernden Kampfes um das innere Selbst, eines Kampfs mit dem eigenen emotionalen Leben, der schließlich in die psychische Befreiung von seinen emotionalen Fesseln mündet. Wie Foucault in *Die Sorge um sich* lakonisch bemerkt, bekräftigt die Sorge um sich, wird sie in die medizinische Metapher der Gesundheit gekleidet, auf paradoxe Weise das Bild eines »kranken« Selbst, das der Korrektur und der Veränderung bedarf.[19]

Das Narrativ der Selbsthilfe und der Selbstverwirklichung ist auf intrinsische Weise ein Narrativ der Erinnerung und der Erinnerung an Leiden. Mit anderen Worten, im Zentrum dieses Narrativs findet sich die Ermahnung, die Erinnerung an eigenes Leiden wachzurufen, um sich von diesem Leiden zu befreien. Um die kulturelle Besonderheit eines solchen Narrativs weiter zu untermauern, sei Abraham Lincolns Bemerkung über sein eigenes Leben zitiert: »Es ist dumm, aus meinem frühen Leben irgend etwas machen zu wollen. Es läßt sich auf einen einzigen Satz bringen. [...] Die kurzen und einfachen Annalen der Armen.«[20] Das therapeutische Narrativ ist einem solchen Bericht über die eigene Biographie radikal entgegengesetzt, da es ihm gerade darum geht, alles aus dem »frühen Leben« zu »machen«. Mehr noch, während Lincoln sich weigert, Armut mit Bedeutung aufzuladen, versucht das therapeutische Narrativ gerade, dem gewöhnlichen Leben als (verborgenem oder offenem) Ausdruck von Leiden Sinn abzugewinnen.

Berücksichtigt man allerdings die Tatsache, daß das therapeutische Narrativ dem Ethos der Selbstopferung und -verleugnung so kritisch gegenübersteht, das die amerikanische Kultur lange dominierte, stellt sich die Frage, wie es überhaupt überhandnehmen konnte. Das therapeutische Narra-

19 Michel Foucault, *Die Sorge um sich. Sexualität und Wahrheit 3*, Frankfurt/M. 1986.

20 Lincoln macht diese Bemerkung gegenüber John L. Scripps.

tiv hat aus verschiedenen Gründen große kulturelle Resonanz gefunden:

a) Es benennt und erklärt widersprüchliche Emotionen – zuviel lieben oder zuwenig lieben; zu aggressiv sein oder nicht bestimmt genug auftreten. In der Terminologie des Marketing wäre das, als würde man eine Zigarette erfinden, die Raucher und Nichtraucher zugleich zufriedenstellt, oder als würden Raucher unterschiedlicher Marken die gleiche Zigarette rauchen.

b) Die Narrative verwenden kulturelle Vorlagen religiöser Narrative, die zugleich regressiv und progressiv sind; sie sind regressiv, weil es in ihnen um vergangene Ereignisse geht, die gleichsam noch präsent sind und im Leben der Menschen fortwirken; progressiv, weil es das Ziel des Narrativs ist, eine vorausschauende Erlösung zu erzielen, nämlich emotionale Gesundheit. In diesem Sinne sind diese Narrative sehr effiziente Werkzeuge, um Kohärenz und Kontinuität für das Selbst herzustellen, und um ein Narrativ zu konstruieren, das verschiedene Stadien des Lebenszyklus umfassen kann.

c) Diese Narrative ziehen die Individuen für ihr psychisches Wohlbefinden zur Verantwortung, tun das aber, indem sie vollständig von moralischer Schuld abstrahieren. So ermöglichen sie die Mobilisierung der kulturellen Schemata und Werte des Individualismus, der Selbstveränderung und der Selbstverbesserung. Die Konzentration auf die Kindheit und auf problematische Familien befreit dabei von der Last, für den unbefriedigenden Charakter des eigenen Lebens verantwortlich gemacht zu werden. Dadurch kann es zur Bildung von Schicksals- oder Leidensgemeinschaften kommen, die besonders klar durch das Phänomen der Selbsthilfegruppen veranschaulicht werden.[21]

21 Der Begriff der »Schickalsgemeinschaft« stammt von David Held; siehe zum Beispiel David Held, *Global Covenant. The Social Democratic Alternative to the Washington Consensus*, Oxford 2004.

d) Das Narrativ ist performativ und in diesem Sinne mehr als nur eine Erzählung; im Erzählen selbst wird die Erfahrung neu organisiert. Im gleichen Sinne, in dem performative Verben die Handlung ausführen, von der sie berichten, bieten Selbsthilfegruppen eine performative symbolische Struktur an, die genau die Heilung ausführt, die Ziel und Zweck des Narrativs ist. Es ist die Erfahrung der Selbstveränderung samt ihrer Konstruktion, in deren Rahmen sich moderne Subjekte am stärksten als moralisch und sozial kompetent erfahren.

e) Der therapeutische Diskurs ist eine ansteckende kulturelle Struktur, weil er dupliziert und an Mitbetroffene, Enkelkinder und Ehepartner vererbt werden kann. So haben zum Beispiel die Kinder der zweiten und dritten Generation von Holocaust-Opfern ihre eigenen Selbsthilfegruppen allein aufgrund der Tatsache, daß ihre Großeltern Opfer des Holocaust waren.[22] Das ist möglich, weil sie von einer symbolischen Struktur zehren, die es ihnen ermöglicht, ihre Identität als die eines kranken, heilungsbedürftigen Subjekts zu konstituieren. Auf diese Weise kann das therapeutische Narrativ Stammbäume aktivieren.

f) Die therapeutische Biographie ist fast eine ideale Ware; sie verlangt keine oder nur eine geringe ökonomische Investition; alles, was sie verlangt, ist die Bereitschaft der Person, die abgelegensten Kammern ihres Seelenlebens unseren Blicken zu öffnen und die Bereitschaft, eine Geschichte zu erzählen. Das Erzählen und die Transformation durch die Erzählung – das sind die Waren, die von ganzen Berufskohorten (etwa von Therapeuten, Psychiatern, Ärzten und Beratern) und von zahllosen Medien (Frauen- und Männermagazinen, Talkshows, Hörertelephonen im Radio etc.) produziert, verarbeitet und verbreitet werden.

22 Carol Kidron, *Amcha's Second Generation Holocaust Survivors. A Recursive Journey into the Past to Construct Wounded Carriers of Memory*, Magisterarbeit, Hebrew University of Jerusalem.

g) Schließlich würde ich behaupten, und das ist vielleicht der wichtigste Punkt, daß das therapeutische Narrativ der Tatsache entspringt, daß das Individuum Teil einer Kultur geworden ist, die mit der Vorstellung von »Rechten« saturiert ist und in der sowohl Individuen als auch Gruppen zunehmend auf »Anerkennung« pochen, mithin also verlangen, daß das eigene Leiden von den Institutionen anerkannt und geheilt wird.

Das therapeutische Narrativ befindet sich an einer empfindlichen, konfliktreichen und instabilen Stelle zwischen dem Markt und einem die Zivilgesellschaft zunehmend durchdringenden Rechtsdiskurs. Es ist genau dieses Narrativ, das sich im Herzen dessen befindet, was viele als Opferkult und Klagekultur bezeichnen. So moniert der Rechtsgelehrte Alan Dershowitz etwa die Tatsache, daß es »so gut wie unmöglich ist, tagsüber die Fernsehkanäle zu wechseln, ohne einen Schwarm seufzender Frauen und Männer zu sehen, die ihr gescheitertes Leben durch Bezug auf einen realen oder imaginierten Mißbrauch in der Vergangenheit rechtfertigen«.[23] In ähnlicher Weise behauptet der Kunstkritiker Robert Hughes, daß unsere Kultur zunehmend eine Kultur der »Beichte« sei, in der eine »Demokratie des Leidens herrsche. Nicht jeder ist reich und berühmt, aber jeder hat gelitten«.[24] Selbst im philosophischen Denken können wir Manifestationen dieser Tendenz erkennen. Žižek faßt diese Entwicklung zusammen, indem er auf Richard Rortys Definition des Menschen hinweist, dergemäß der Mensch jemand sei, der »Schmerzen empfinden und, als symbolisches Tier, von diesen Schmerzen berichten kann«. Vor dem Hintergrund der Tatsache, daß

23 Alan Dershowitz, *The Abuse Excuse. And Other Cop-Outs, Sob Stories, and Evasions of Responsibility*, Boston 1994, S. 5.

24 Zitiert nach Barrington Moore, *Reflections on the Causes of Human Misery and Upon Certain Proposals to Eliminate Them*, Boston 1972, S. 17.

wir alle potentielle Opfer sind, fügt Žižek hinzu, »werde das fundamentale Recht zum Recht, wie Homhi Bhaba sagt, zu erzählen; zum Recht, die eigene Geschichte zu erzählen; zum Recht, das spezifische Narrativ des eigenen Leidens zu formulieren«.[25]

Dieses Vorherrschen des Leidens in populären und hochkulturellen Definitionen der eigenen Identität beschreibt zweifellos eines der paradoxesten Phänomene der Jahre nach 1980: In der gleichen Zeit, in der der Diskurs des triumphierend-selbstbewußten Individuums sich auf ungekannte Weise ausbreitet und hegemoniale Züge annimmt, wird auch die Aufforderung, das eigene Leiden auszudrükken und auszuleben, ob nun in Selbsthilfegruppen, Talkshows, Therapiesitzungen, Gerichtssälen oder im intimen Bereich, immer lauter. Wie aber konnte dieses Narrativ zur wesentlichen Form des Selbstausdrucks, des Verfügens über ein Selbst, des Habens und Ausdrückens von Empfindungen werden?

Ich schlage vor, in den Ansprüchen auf Selbstverwirklichung und Leiden zwei institutionalisierte Formen zu sehen. Damit Ideen Handlungen anleiten können, brauchen sie eine institutionalisierte Basis. Meine Arbeitsannahme soll daher sein, im Selbst eine zutiefst institutionalisierte Form zu sehen.[26] Damit ein Narrativ zum selbstorganisierenden Basisschema werden kann, muß es eine große institutionelle Resonanz haben, das heißt, es muß Teil der Routinearbeit derjenigen Institutionen werden, die über große kulturelle und soziale Ressourcen verfügen, wie etwa der Staat oder der Markt. Im Gegenzug sollten kognitive Typi-

25 Slavoj Žižek und Glyn Daly, *Conversations with Žižek*, Cambridge 2004, S. 141.

26 John W. Meyer, »The Self and the Life Course. Institutionalization and Its Effects«, in: Aage B. Sørensen, Franz E. Weinert und Lonnie R. Sherrod (Hg.), *Human Development and the Life Course. Multidisciplinary Perspectives*, Hillsdale 1986, S. 206.

sierungen, wie es Selbstnarrative sind, als mental »deponierte« Institutionen betrachtet werden.[27]

Die erste und vielleicht umfassendste Institution, die für die Verstetigung der Therapie in der amerikanischen Kultur verantwortlich gemacht werden kann, ist der Staat. Die massive Übernahme des therapeutischen Diskurses durch den Staat hat etwas mit der Tatsache zu tun, daß die Nachkriegsstimmung durch die Sorge um die Frage nach sozialer Anpassung und sozialem Wohlbefinden geprägt war,[28] ein Sachverhalt, der durch die Gründung des National Institute of Mental Health im Jahre 1946 greifbar wurde. Nach Gründung dieses Instituts stieg sein Finanzvolumen auf geradezu spektakuläre Weise. Betrug das Budget 1950 noch 87 Million Dollar, so war es 1967 auf 315 Millionen Dollar angestiegen. Man ging also offenbar davon aus, daß die psychologische Gesundheit und die psychologischen Dienste universal wertvoll und anwendbar waren. Dieses spektakuläre Wachstum hing mit der Tatsache zusammen, daß der Staat die Therapie für viele seiner Dienste einsetzte, etwa im Bereich der Sozialarbeit, in Rehabilitationsprogrammen für Gefangene und in Gerichten. Ja, der moderne Staat, das haben Michel Foucault und John Meyer auf unterschiedliche und doch kongruente Weise gezeigt, organisierte seine Macht unter Bezug auf kulturelle Konzeptionen und moralische Entwürfe des Individuums. Der psychologische Diskurs bot eines der wesentlichen Modelle für den Individualismus, das vom Staat angenommen und propagiert wurde.[29] Diese Modelle, das behaupten Meyer und

27 Paul DiMaggio, »Culture and Cognition«, in: *Annual Review of Sociology*, 23, 1997, S. 263-287.

28 Ellen Herman, *The Romance of American Psychology*, a.a.O., S. 241; als Beispiel für diese Beschäftigung mit geistiger Gesundheit kann etwa die Tatsache herangezogen werden, daß Bundesagenturen wie die Veterans Administration begierig neue Programme für geistige Gesundheit übernommen haben.

29 John W. Meyer, »World Society and the Nation State«, in: *American Journal of Sociology*, 103:1, 1997, S. 144-181.

seine Mitarbeiter, prägen die Agenda und die Art der staatlichen Intervention in so verschiedenen Bereichen wie Bildung, Wirtschaft, Wissenschaft, Politik und internationalen Beziehungen.

Dabei ist der Staat zwar der mächtigste, aber nicht der einzige Akteur, der den therapeutischen Weg der Konstruktion menschlicher Probleme ausgeweitet hat. Akteure der Zivilgesellschaft haben das therapeutische Narrativ ebenfalls vorangetrieben.

Der Feminismus war eine der wichtigsten politischen und kulturellen Bewegungen, die den therapeutischen Diskurs übernommen haben, und zwar schon gegen 1920 und dann, besonders wirkmächtig, in den 60er Jahren des letzten Jahrhunderts, als es darum ging, die Sexualität als Ort der Emanzipation (siehe Kapitel I) zu propagieren, schließlich auch in den 80er Jahren, als er die repressiven Effekte der patriarchalischen Familie mit Blick auf das Problem des Kindesmißbrauchs angriff. In seiner Verteidigung der mißbrauchten Kinder entdeckte der Feminismus in der Therapie eine neue Taktik, um die Familie und das Patriarchat zu kritisieren. Dies war, so vermute ich, wohl deswegen der Fall, weil die Kategorie des »Kindesmißbrauchs« den Feminismus in die Lage versetzte, kulturelle Kategorien – wie die des Kindes – zu mobilisieren, die mit besonders breiter Zustimmung rechnen konnten.

Zu den gewichtigsten feministischen Kämpferinnen gegen Kindesmißbrauch gehört Alice Miller, die in ihrem ungemein einflußreichen Buch *Das Drama des begabten Kindes* in Anlehnung an die therapeutische Logik erklärt, daß ein Kind, das mißbraucht wird, um zu überleben und den unerträglichen Schmerz auszuhalten, einen erstaunlichen Mechanismus abrufen kann, nämlich das »Geschenk« der »Verdrängung«, das diese Erfahrungen an einem Ort außerhalb des Bewußtseins aufbewahrt.[30] So plaziert Miller

30 Alice Miller, *Das Drama des begabten Kindes und die Suche nach dem wahren Selbst*, Frankfurt/M. 1979.

das Trauma im Zentrum des eigenen Lebensnarrativs und macht aus der Verdrängung die Erklärung für die Tatsache, daß einige mißbrauchte und vernachlässigte Kinder sich als Erwachsene nicht als Opfer von Traumata empfinden. Und wie das humanistische Narrativ betrachtet auch Miller Authentizität als wahres Ziel, dem das Selbst entgegenstreben soll. Wiederum in Anlehnung an die therapeutische Logik geht auch sie davon aus, daß psychische Probleme von einer Generation zur nächsten vererbt werden: »Jeder Mensch, der seine Kinder mißhandelt, ist selbst in seiner Kindheit in irgendeiner Form schwer traumatisiert worden.«[31] Feministinnen benutzen die Kategorie des Traumas, um die Familie zu kritisieren, die Kinder zu schützen, eine neue Rechtsprechung durchzusetzen und um die Gewalt von Männern gegen Frauen und Kinder zu bekämpfen. Durch die Ausweitung ihrer politischen Kritik an der Familie und durch die komplette Übernahme der Kategorie des »emotionalen Schadens« haben die Feministinnen unweigerlich auf die Sprache der Psychologie zurückgegriffen.

Die dritte Gruppe, die wesentlich zur Stärkung des therapeutischen Narrativs beigetragen hat, waren die Vietnam-Veteranen, die die Kategorie des Traumas um sozialer und kultureller Vorteile willen nutzten. Im Jahr 1980 erkannte die American Psychiatric Association offiziell die Kategorie des Traumas an: »Die Etablierung der PTSD [Post-Traumatic Stress Disorder; dt. Posttraumatische Belastungsstörung] hatte eine Quelle in der intensiven, den Vietnam-Veteranen gewidmeten Lobbyarbeit von Betreuern und Laien. [...] Während die kriegsmüde und in sich gespaltene Bevölkerung die Veteranen eher in ambivalenter Haltung empfing, bedeutete die PTSD-Diagnose eine Anerkennung und Würdigung ihrer psychologischen Leiden. Ihre verwirrenden Symptome und Verhaltensweisen wurden in greifbaren äußeren Ereignissen verankert, so daß die Hoffnung entstand, einzelne Veteranen vom Stigma der Geisteskrankheit befrei-

31 Alice Miller, *Das verbannte Wissen*, Frankfurt/M. 1988, S. 245.

en zu können und ihnen (theoretisch zumindest) Anteilnahme, medizinische Betreuung und Kompensation zu garantieren.«[32] Indem es der institutionellen und epistemologischen Logik des therapeutischen Diskurses folgte, wurde PTSD auf immer mehr Vorkommnisse und Fälle ausgeweitet, etwa auf Vergewaltigung, terroristische Angriffe, Unfälle, Verbrechen etc.

Die letzten und vielleicht bedeutendsten Akteure, die die Arena mentaler Leiden betraten, waren die Pharmaindustrie und das DSM [Diagnostic and Statistical Manual of Mental Disorder; dt. Diagnostisches und Statistisches Handbuch psychischer Störungen], die dem ganzen Bereich der mentalen Gesundheit enorme Marktschübe bescherten.

Das DSM wurde 1954 etabliert und ist ein diagnostisches Handbuch, das dem Bedürfnis entsprang, das Verhältnis zwischen Diagnose und Behandlung enger zu gestalten, damit Versicherungen und andere Kostenträger Ansprüche schneller bearbeiten konnten. Nicht nur wird das DSM mittlerweile von der Mehrzahl psychiatrischer Ärzte verwendet, es findet auch zunehmend Anwendung in »gesetzgebenden Körperschaften, Aufsichtsbehörden, Gerichten, Zulassungsstellen, Versicherungsgesellschaften, Vormundschaftsbehörden, bei der Polizei etc.«[33] Die Klassifizierung von Pathologien entsprang der Tatsache, daß die mentale Gesundheit aufs engste mit der Versicherungsdeckung verknüpft wurde. Das DSM, das die Kodierungen liefert, die bei der Inanspruchnahme von Versicherungsschutz nötig sind, fungiert dabei als Brücke zwischen den psychiatrischen Experten und den großen, geldgebenden Institutionen wie Medicaid [Gesundheitsdienst für Bedürftige], Social Security Disability Income [eine Invaliditätsrente],

32 Mark S. Micale und Paul Lerner (Hg.), *Traumatic Pasts. History, Psychiatry, and Trauma in the Modern Age, 1870-1930*, Cambridge 2001, S. 2.

33 Herb Kutchins und Stuart A. Kirk, *Making Us Crazy. DSM: The Psychiatric Bible and the Creation of Mental Disorders*, New York 1997, S. 261.

Programmen für Veteranen und Medicare [eine staatliche Krankenversicherung].[34] Kutchin und Kirk schreiben dazu: »Das DSM ist das Kennwort, das Psychotherapeuten brauchen, um die Gelder der Versicherungen zu erhalten.«[35]

Meiner These nach besteht der wesentliche kulturelle Einfluß der verschiedenen Versionen des DSM – insbesondere des DSM-III – darin, den Bereich der als psychische Störung definierten Verhaltensweisen enorm auszuweiten. So wird im DSM-III »Trotzverhalten« neu als psychische Störung definiert (Kode 313.81), die sich durch ein »Muster von ungehorsamem, negativistischem und provokativem Oppositionsverhalten gegenüber Autoritäten« bemerkbar macht;[36] als weitere Störung gilt die »Histrionische Persönlichkeitsstörung« (Kode 301.50); Menschen mit dieser Störung »sind lebhaft und dramatisch und ziehen immer alle Aufmerksamkeit auf sich«;[37] oder die »Hypersensitive Persönlichkeitsstörung« (Kode 301.82), deren Hauptmerkmal in einer »Hypersensitivität gegen mögliche Zurückweisung, Demütigung oder Beschämung« besteht; hinzu kommt eine fehlende »Bereitschaft, sich auf Beziehungen einzulassen, außer wenn ungewöhnlich sichere Garantien für ein unkritisches Angenommenwerden vorliegen«.[38] Allein diese Beispiele zeigen, wie das DSM die Kategorie der psychischen Störungen ausgeweitet hat.

Die Produktion des DSM entsprach nicht nur den Interessen des klinischen Personals – zu denken ist an Psychiater, klinische Psychologen und Sozialarbeiter –, sondern auch denen der Versicherungen, die den Bereich der psychischen Gesundheit stärker regulieren wollten, und der Pharmaunternehmen, die begierig darauf aus waren, den Markt

34 Ebd., S. 12.

35 Ebd., S. 247.

36 *Diagnostisches und Statistisches Manual Psychischer Störungen* (DSM-III), Deutsche Bearbeitung und Einführung von K. Koehler und H. Saß, Weinheim 1984, S. 72.

37 Ebd., S. 326.

38 Ebd., S. 336.

emotionaler und psychischer Krankheiten anzuzapfen. Die Pharmaunternehmen haben ein großes Interesse an der Ausweitung psychischer Pathologien, die mit Psychopharmaka behandelt werden müssen.[39] »Für die Hersteller von Medikamenten [...] bilden die nicht-kategorisierten Massen einen großen unausgeschöpften Markt, die psychischen Störungen schlummern gleichsam wie die unberührten Ölfelder Alaskas«.[40] Das DSM trug so, ob nun gewollt oder nicht, dazu bei, neue Landkarten des Konsums und des Psychischen zu erstellen, die ihrerseits dazu beisteuerten, die Märkte der pharmazeutischen Unternehmen auszudehnen.

Ich denke, wir haben es hier mit einem hervorragenden Beispiel für das zu tun, was Latour und Callon als »Übersetzungsprozeß« bezeichnet haben, mit dem Phänomen nämlich, daß individuelle oder kollektive Akteure permanent daran arbeiten, ihre eigene Sprache, ihre eigenen Probleme, Identitäten oder Interessen in die von anderen zu übersetzen.[41]

Feministinnen, Psychologen, der Staat mit seinen Heerscharen von Sozialarbeitern und Akademikern, die sich im Feld der psychischen Gesundheit aufhalten, Versicherungs- und Pharmaunternehmen – sie alle haben das therapeutische Narrativ »übersetzt«, weil sie alle, aus unterschiedlichen Gründen, daran interessiert waren und sind, ein Narrativ zu empfehlen und auszuweiten, in dessen Rahmen das Selbst als pathologisch definiert wird. Im Ergebnis unterstützen sie damit ein Narrativ der Krankheit, weil Krank-

39 Kutchins und Kirk, *Making Us Crazy*, a.a.O., S. 247; ein Großteil der Diskussionen über das DSM kreist um dieses Buch. In ihm wird sogar behauptet, einige pharmazeutische Unternehmen hätten direkt die Entwicklung von DSM unterstützt.

40 Ebd., S. 13.

41 Latour und Callon erwähnen gelegentlich das Beispiel der Hygieniker, die Pasteurs Theorie der Mikroben unterstützt haben, weil ihnen das in ihrem Kampf gegen gesundheitsschädliche Wohnbedingungen half.

heit die Voraussetzung dafür ist, daß es einem besser geht, und genau dieses Bessergehen ist ja die eigentliche Ware, die in diesem neuen Feld ständig angepriesen und verkauft wird. Im gleichen Augenblick also, in dem die genannten Akteure Gesundheit, Selbsthilfe und Selbstverwirklichung anpreisen, weiten sie notwendigerweise den Bereich der psychischen Probleme aus. Mit anderen Worten, das Narrativ der therapeutischen Selbsthilfe ist nicht, wie die Strukturalisten annehmen, das Gegenteil von »Krankheit« in einem begrifflichen Raster von Gegensätzen. Vielmehr ist genau das Narrativ, das Selbsthilfe propagiert, ein Narrativ der Krankheit und des psychischen Leidens. Weil kulturelle Schemata auf neue Situationen ausgedehnt werden können, haben Feministinnen, Kriegsveteranen, Gerichte, staatliche Agenturen und Experten im Bereich der Psychiatrie dasselbe Schema von Krankheit und Selbstverwirklichung angenommen und übersetzt, um das Selbst zu organisieren, und so aus dem Narrativ der Selbstverwirklichung eine wahrhaft Derridasche Größe gemacht, die zugleich das enthält und zur Geltung kommen läßt, was sie ausschließen will, nämlich Krankheit, Leiden und Schmerzen.

So blicke ich eher skeptisch auf die von Philip Rieff, Robert Bellah, Christopher Lash, Philip Cushman oder Eli Zaretsky vertretene Ansicht, wonach das therapeutische Ethos das Selbst deinstitutionalisiert. Ganz im Gegenteil, es gibt kaum eine kulturelle Form, die so stark institutionalisiert worden ist. Mehr noch, anders als Foucault annahm, produziert das therapeutische Narrativ nicht Lust, sondern vielfältige Formen des Leidens. Heißt es bei Foucault, wir hätten »zumindest eine neue Lust erfunden: die Lust an der Wahrheit der Lust, die Lust sie zu wissen, sie auszukleiden, sie zu enthüllen«,[42] würde ich sagen, daß das therapeutische Narrativ vielfältige Formen des Leidens produziert; mit dem Anthropologen Richard Shweder können

42 Michel Foucault, *Der Wille zum Wissen. Sexualität und Wahrheit 1*, Frankfurt/M. 1977, S. 91.

wir festhalten, daß die »kausale Ontologie des Leidens das von ihr erklärte Leiden so mitverursacht, wie auch die Repräsentationen einer Leidensform Teil des Leidens sein können, das repräsentiert wird«.[43] Anders gesagt, weil die Psychologie ihre Aufgabe darin sieht, viele Formen des psychischen Leidens unter Bezug auf ein undefiniertes Ideal der Gesundheit und Selbstverwirklichung zu lindern und weil die Therapeuten de facto dazu beitragen, persönliche Erinnerungen an Leiden zu schaffen, verursachen sie ironischerweise viel von dem Leiden, das zu lindern sie vorgeben. Ich denke, es ist moralisch und epistemologisch falsch, solche Formen des Leidens nur deswegen als Lust zu klassifizieren, weil sie mit einem Projekt der Selbstkenntnis oder Selbsthilfe verbunden sind.

Ich fasse zusammen: Wir können die Narrative des Leidens nicht von denen der Selbsthilfe trennen. Die Fäden, die beide verbinden, sind vielfältig und widersprüchlich: die Ausweitung des Bereichs der Menschenrechte, etwa auf Kinder oder auf die weibliche Sexualität; die Kommodifizierung der psychischen Gesundheit durch Pharmaunternehmen; die Regulierung des Berufsstandes der Psychologen durch Versicherungsgesellschaften; die zunehmende erzieherische Intervention staatlicher Agenturen in viele Bereiche des privaten und öffentlichen Lebens – all das macht die verborgene Dynamik aus, die erklärt, warum sich das Opfernarrativ so sehr verbreiten konnte und warum dieses Narrativ gleichwohl friedlich neben dem der Selbsthilfe existiert.

43 Richard A. Shweder, »Suffering in Style«, in: *Culture, Medicine and Psychiatry*, 12:4, 1988, S. 479-497 (hier S. 488).

Alle diese Akteure haben zur Schaffung eines Handlungsbereichs beigetragen, in dem psychische und emotionale Gesundheit als zentrales Gut zirkulieren. Sie haben alle zum Entstehen dessen beigetragen, was ich als emotionales Feld bezeichnen möchte: Eine Sphäre des sozialen Lebens, in der Staat, Universitäten, verschiedene Segmente der Kulturindustrie, staatlich und akademisch akkreditierte Berufsgruppen und der große Markt der Medikamente und der Populärkultur zusammengewirkt haben, um einen Handlungs- und Diskursbereich zu schaffen, der über eigene Regeln, Gegenstände und Grenzen verfügt. Die Rivalität zwischen verschiedenen Schulen der Psychologie, ja selbst die Rivalität zwischen Psychiatrie und Psychologie sollte nicht den Blick dafür verstellen, daß beide letztlich darin übereinstimmen, im emotionalen Leben einen Gegenstand des Managements und der Kontrolle zu sehen, der unter Bezug auf ein fortwährend expandierendes Gesundheitsideal reguliert werden muß. Viele soziale und institutionelle Akteure konkurrieren miteinander, um Selbstverwirklichung, Gesundheit oder Pathologie definieren zu können und so emotionale Gesundheit in eine neue Ware zu verwandeln, die an sozialen und ökonomischen Orten produziert, zirkuliert und neu zubereitet wird, die die Form eines Feldes haben. Das Narrativ des Leidens sollte als Ergebnis eines außergewöhnlichen Zusammentreffens von verschiedenen, im Feld der psychischen Gesundheit positionierten Akteuren betrachtet werden.

Emotionale Felder funktionieren nicht nur, indem sie den Bereich des Pathologischen konstruieren und ausdehnen und den Bereich der emotionalen Gesundheit kommodifizieren, sie funktionieren auch, indem sie den Zugang zu neuen Formen der sozialen Kompetenz regulieren, die ich im folgenden als emotionale Kompetenz bezeichnen werde. Im gleichen Sinne, in dem kulturelle Felder durch kulturelle

Kompetenz strukturiert sind – durch das Vermögen also, mit kulturellen Gütern auf eine Weise umzugehen, die Vertrautheit mit den von den Oberschichten sanktionierten Gütern der Hochkultur verrät –, sind emotionale Felder durch emotionale Kompetenz reguliert, durch das Vermögen, einen von Psychologen gepriesenen und definierten emotionalen Stil zur Geltung zu bringen.

Wie die kulturelle Kompetenz läßt sich die emotionale Kompetenz in soziale Vorteile übersetzen, etwa in berufliche Aufstiegschancen oder soziales Kapital. Ja, damit eine bestimmte Form des kulturellen Verhaltens zum Kapital wird, muß sie sich in ökonomische oder soziale Vorteile übersetzen lassen; sie muß in etwas umgewandelt werden, womit die Akteure in einem Feld spielen können, was ihnen Eintritt in das Feld gewährt oder sie disqualifiziert, was sie in die Lage versetzt, das zu erreichen, was in dem Feld zu holen ist.[44] Mehr noch als traditionelle Formen des kulturellen Kapitals – etwa die Weinprobe oder die Vertrautheit mit Hochkultur – scheint das emotionale Kapital die am wenigsten reflexiven Züge des Habitus zu mobilisieren. Es existiert in »Form von dauerhaften Dispositionen des Organismus« und ist der am stärksten »körpergebundene« Teil des inkorporierten Kulturkapitals.[45]

Im Kontext der Vereinigten Staaten ist die emotionale Kompetenz am Arbeitsplatz am stärksten formalisiert, und zwar vor allem in den Persönlichkeitstests, die von den Unternehmen in Auftrag gegeben werden, um Mitarbeiter einzustellen. Persönlichkeitstests sind für die Emotionen, was Schulprüfungen für das kulturelle Kapital sind, nämlich ein Weg, um einen spezifischen emotionalen Stil zu sanktionieren, zu legitimieren und zu autorisieren; dieser

44 Pierre Bourdieu, *Die feinen Unterschiede. Kritik der gesellschaftlichen Urteilskraft*, Frankfurt/M. 1982.

45 Pierre Bourdieu, »Ökonomisches Kapital – Kulturelles Kapital – Soziales Kapital«, in: ders., *Die verborgenen Mechanismen der Macht. Schriften zu Politik & Kultur 1*, Hamburg 1997, S. 53 und 55.

emotionale Stil wiederum ist durch die Psychoanalyse geprägt worden. So legen Walsh und Betz, zwei Experten im Bereich der Persönlichkeitsforschung, nahe, daß »psychoanalytische Begriffe und die Psychoanalyse selbst einen enormen Einfluß auf den Bewertungsprozeß ausüben«.[46] Mit anderen Worten, obgleich der Geist der Persönlichkeitstests weit von der Psychoanalyse entfernt zu sein scheint, bleibt es dabei, daß psychoanalytische Konzepte zentral sind, um aus Bewertungen der Persönlichkeit und der Emotionen Werkzeuge zur Beurteilung und Maximierung von Arbeitsleistungen zu machen. Das emotionale Verhalten wurde so wichtig für das ökonomische Verhalten, daß der in den 90er Jahren des letzten Jahrhunderts entstandene Begriff der emotionalen Intelligenz das amerikanische Unternehmen im Sturm erobern konnte. Es war der in klinischer Psychologie ausgebildete Journalist Daniel Goleman, der mit seinem Buch *Emotionale Intelligenz* zur Formalisierung jener im 20. Jahrhundert anhebenden Bewegung beitrug, in deren Rahmen formale Klassifikationsinstrumente des emotionalen Verhaltens und der Begriff der emotionalen Kompetenz ausgearbeitet wurden. Gelang es diesem Buch fast im Alleingang und über Nacht, den Begriff der emotionalen Intelligenz zu einem wesentlichen Bestandteil der amerikanischen Kultur zu machen, so nur deswegen, weil die klinische Psychologie die Idee, emotionale Kompetenz sei eine zentrale Eigenschaft des reifen Selbst, schon erfolgreich verbreitet hatte. Emotionale Intelligenz, so John D. Mayer und Peter Salovey, »ist ein Typ der sozialen Intelligenz, der mit der Fähigkeit verbunden ist, die eigenen und fremde Emotionen zu überwachen und genau zu unterscheiden, um mit den dadurch gewonnenen Informationen das eigene Denken und Handeln zu steuern«.[47] Emo-

46 Bruce Walsh und Nancy Betz, *Tests and Assessments*, Englewood 1985, S. 110.

47 John D. Mayer und Peter Salovey, »The Intelligence of Emotional Intelligence«, in: *Intelligence*, 17, 1993, S. 433-442 (hier S. 433).

tionale Intelligenz umfaßt Fähigkeiten, die in fünf Bereiche eingeteilt werden können: Selbstempfinden; Emotionsmanagement; Selbstmotivation; Empathie und die Gestaltung von Beziehungen. Mit Hilfe des Begriffs der emotionalen Intelligenz konnten Eigenschaften der sozialen und kulturellen Welt gemessen werden, die sich durch den Einfluß der Psychologie massiv verändert hatten, so daß eine neue Art der Klassifikation von Menschen möglich wurde.

Die emotionale Intelligenz ist ein Klassifikationsinstrument, das ähnlich wie der Intelligenzquotient (IQ) in der Lage ist, soziale Gruppen aufgrund der einfachen Tatsache seiner Übersetzbarkeit in Organisationsrollen oder Beförderungs- und Verantwortungsindizes zu schichten.[48] In der gleichen Weise, in der der IQ dazu beitrug, Menschen in der Armee und in der Arbeitswelt zu klassifizieren, um ihre Produktivität zu erhöhen, wurde die emotionale Intelligenz (EI) schnell zum Mittel, um produktive von weniger produktiven Arbeitern zu trennen, wobei nun eher emotionale als intellektuelle Fähigkeiten zählten. Die emotionale Intelligenz wurde so zu einem Instrument der Klassifikation in der Arbeitswelt und diente dazu, Leistungen zu kontrollieren, vorherzusagen und zu verbessern. Auf diese Weise bringt der Begriff der emotionalen Intelligenz den Prozeß der Kommensuration der Emotionen (den ich im ersten Teil thematisiert habe) an sein Ende, da sie nun zu Kategorien werden, die eingeordnet, klassifiziert und quantifiziert werden können.

Ich zitiere beispielhaft aus einem Wirtschaftsartikel: »Erfahrene Mitarbeiter einer multinationalen Beratungsfirma wurden auf ihre emotionale Kompetenz und drei andere Kompetenzen hin getestet. Mitarbeiter, die in neun oder mehr als neun Kompetenzen (von 20) über dem Mittelwert lagen, erwirtschafteten 1,2 Millionen Dollar mehr als an-

48 Paula S. Fass, »The IQ. A Cultural Historical Framework«, in: *American Journal of Education*, 4, 1980, S. 431-458.

dere Mitarbeiter – ein Gewinnzuwachs von 139 Prozent.«[49] So wie der Aufstieg der Zeugniskultur von neuen Formen und Instrumenten der Klassifikation im Bereich der Intelligenz begleitet wurde (woraus der berühmte IQ hervorging, der seinerseits wiederum dazu beitrug, unterschiedliche soziale Positionen zu klassifizieren und hierarchisieren), schafft der von mir beschriebene emotionale Kapitalismus den Begriff der emotionalen Intelligenz und führt so ebenfalls neue Formen der Klassifikation und Unterscheidung ein.

In dem Maße, in dem die Persönlichkeit und die Emotionen zu neuen Formen der sozialen Klassifikation wurden, haben die Psychologen nicht nur dazu beigetragen, aus dem emotionalen Stil eine soziale Währung – also ein Kapital – zu machen, sondern auch dazu, eine neue Sprache des Selbstseins zu artikulieren, in der es darauf ankommt, von diesem Kapital Gebrauch zu machen. Bei L'Oréal zum Beispiel »hat das auf der Basis bestimmter emotionaler Kompetenzen ausgewählte Verkaufspersonal deutlich mehr verkauft als das entlang der alten Selektionskriterien ausgewählte Personal. Per annum hat das auf der Basis von emotionaler Kompetenz ausgewählte Verkaufspersonal 91 370 Dollar mehr erwirtschaftet als anderes Personal, was zu einem Anwachsen der Nettogewinne auf 2 558 360 Dollar führte. Verkaufspersonal, das auf der Basis von emotionaler Kompetenz ausgewählt wurde, hatte 63 Prozent mehr Umsätze im ersten Jahr als anderes Personal«.[50] Dieses Beispiel ist nicht nur deswegen interessant, weil es zeigt, in welchem Maße emotionale Intelligenz tatsächlich zum formalen Kriterium für die Einstellung und Förderung von Personal am Arbeitsplatz geworden ist, sondern auch, weil es zeigt, daß emotionale Formen des Kapitals in Geldwerte umgewandelt werden können.

49 http://www.eiconsortium.org/research/business_case_for_ei.htm

50 Ebd.; zit. wird: Lyle M. Spencer und Signe M. Spencer, *Competence at Work. Models for Superior Performance*, New York 1993.

Die emotionale Intelligenz zählt nicht nur zu den Kompetenzen, die in einer Ökonomie vonnöten sind, in deren Rahmen die Darstellung des Selbst für die wirtschaftliche Leistung wesentlich ist, sie entspringt auch dem Prozeß einer intensiven Professionalisierung der Psychologen, die in historischer Perspektive äußerst erfolgreich das Monopol über die Definitionen und die Regeln des emotionalen Lebens beansprucht haben und tatsächlich in der Lage waren, neue Kriterien zu etablieren, die das emotionale Leben einfangen, bearbeiten und quantifizieren konnten. Emotional intelligent zu sein, ist so besonders zum Vorrecht einer professionellen Klasse geworden, die vor allem für das Emotionsmanagement der neuen Mittelschichten verantwortlich ist; emotionale Kompetenz besteht dementsprechend darin, die kognitiven und emotionalen Fähigkeiten zur Geltung zu bringen, deren Virtuosen die klinischen Psychologen sind. Die emotionale Intelligenz spiegelt gut den emotionalen Stil und die emotionalen Dispositionen der neuen Mittelschichten wider, die sich in vermittelnden Positionen befinden, die also kontrollieren und kontrolliert werden, deren Berufe ein sorgfältiges Selbstmanagement erfordern, die stark von der Kooperation anderer abhängen und ihr Selbst sowohl kreativ als auch produktiv nutzen müssen. Damit ist die emotionale Intelligenz eine Form des Habitus, die die Aneignung eines Kapitals ermöglicht, das sich auf der Grenze zwischen kulturellem und sozialem Kapital aufhält. Kulturell ist das Kapital, weil, wie Bourdieu nahegelegt hat (ohne es zu theoretisieren), die Art und der Code der kulturellen Bewertung einen emotionalen Stil oder eine emotionale Tonlage aufweisen (so spricht Bourdieu von »Distanzierung« oder »teilnehmender Identifikation«). Die emotionalen Haltungen und der emotionale Stil definieren ebenso wie der kulturelle Geschmack die eigene soziale Identität.[51] Sozial ist es, weil Emotionen der Stoff sind,

51 In dem Maße allerdings, in dem kulturelles Kapital, jedenfalls im Bourdieuschen Sinne, Zugang zu einem etablierten Korpus künst-

aus dem soziale Interaktionen bestehen. Ist das kulturelle Kapital wesentlich als Statussignal, so ist der emotionale Stil wesentlich für die Frage, wie man in Netzwerke gelangt, seien sie nun mächtig oder nicht, und das aufbaut, was die Soziologie soziales Kapital nennt, wesentlich also für die Art, in der persönliche Beziehungen in Kapital umgewandelt werden, etwa in Karriereschübe oder eine Mehrung des Reichtums.[52] Ein solches Kapital ist besonders in der Form des Kapitalismus wichtig geworden, die mit Luc Boltanski und Ève Chiapello als netzwerkartig bezeichnet werden kann. Im Netzwerkkapitalismus, so Boltanski und Chiapello, kann sich der Klassenhabitus der herrschenden Klassen nicht länger auf seine eigenen Intuitionen verlassen. Dieser Habitus muß wissen, wie Beziehungen zu Personen geknüpft werden können, die sich nicht nur geographisch, sondern auch sozial in größerer Entfernung zur eigenen Position befinden.[53]

Die Pragmatik der Psychologie

Es wäre nun sehr verlockend, die Analyse an diesem Punkt mit der konstruktivistischen Schlußfolgerung zu beenden, nach der die soziale Welt aus sozialen Kämpfen besteht und nach der das, was in den sozialen Feldern auf dem Spiel steht, wie Bourdieu immer wieder hervorgehoben hat, willkürlich ist. Und doch denke ich, es wäre unbefriedigend, die Analyse an diesem konstruktivistischen Punkt abzubre-

lerischer Kreationen im sogenannten »hochkulturellen« Bereich gewährt, läßt sich emotionale Intelligenz nicht als Unterabteilung des kulturellen Kapitals bestimmen.

52 Alejandro Portes, »Social Capital. Its Origins and Applications in Modern Society«, in: *Annual Review of Sociology*, 24:1, 1998, S. 1-24.

53 Luc Boltanski und Ève Chiapello, *Der neue Geist des Kapitalismus*, Konstanz 2003.

chen. Wir sollten vielmehr in Anlehnung an den Pragmatismus fragen, warum bestimmte Bedeutungen »funktionieren«. Damit ein Diskurs effizient sein kann, muß er für die Menschen, die an ihn glauben und ihn gebrauchen, bestimmte Dinge leisten. Ein Diskurs wird funktionieren und zirkulieren, wenn er bestimmte Dinge »leistet«, die dadurch im Alltagsleben der Menschen »klappen«. In diesem Sinne will ich fragen: Was leistet die therapeutische emotionale Kompetenz?

Wenn wir intime Beziehungen – also Beziehungen zwischen Liebenden, Ehegatten oder Kindern – sowohl als eine Handlungs- und Bedeutungssphäre eigener Geltung betrachten als auch als eine kulturelle und soziale Ressource, die zum Wohlbefinden der Menschen beiträgt, dann können wir den symbolischen und kulturellen Formen nachgehen, die den Zugang zu dieser Sphäre des Wohlbefindens regeln. Ein solcher Ansatz widerspricht dem konventionellen Paradigma der Herrschaftssoziologie, die normalerweise verschiedene Formen des Kapitals im Kontext konkurrenzorientierter Arenen untersucht und dementsprechend wenig Neigung verspürt, das Wohlbefinden oder die Familie als Güter eigener Geltung zu betrachten. Bourdieus Theorie sozialer Reproduktion zum Beispiel nähert sich der Familie als einer Institution an, die letztlich der sozialen Struktur untergeordnet ist. In der Theorie der symbolischen Reproduktion ist die Familie die Institution, die die frühen und unsichtbaren Dispositionen vermittelt, die später im Rahmen konkurrenzorientierter Felder des sozialen Kampfs in praktische Entscheidungen konvertiert werden. Wie aber Michael Walzer[54] und feministische Theoretikerinnen wie Susan Moller Okin auf überzeugende Weise gezeigt haben, sollte eine Theorie der Gerechtigkeit die Werte einer jeden Lebenssphäre berücksichtigen und respektieren und etwa

54 Michael Walzer, *Spheres of Justice. A Defense of Pluralism and Equality*, New York 1983 (dt. *Sphären der Gerechtigkeit. Ein Plädoyer für Pluralität und Gleichheit*, Frankfurt/M. 1992).

zwischen den Gütern des Markts und jenen der Familie unterscheiden.

Wenn wir Familie und Intimität als autonome Bedeutungs- und Handlungssphären betrachten, werden sie für uns zu *moralischen Gütern, die um den Gehalt des Selbst und seines Wohlbefindens kreisen*. Wenn wir also das Bourdieusche Modell umdrehen und die Art untersuchen, in der bestimmte Berufsgruppen ihre Kinder mit einem emotionalen Habitus versehen, der ihnen wiederum dabei hilft, bestimmte Formen der eudaimonia (des Glücks, der Zufriedenheit) im Bereich intimer Beziehungen zu erreichen, *dann können wir untersuchen, auf welche Weise Intimität und Freundschaft, wie andere Güter auch, sozial verteilt und zugewiesen werden*.

Ich will das Gesagte durch ein Interview mit einer Frau illustrieren, die als Lektorin arbeitet und einen Doktortitel (in Englischer Literatur) von einer Eliteuniversität des Mittleren Westens besitzt. Sie ist seit vier Jahren mit einem Philosophieprofessor verheiratet.

– Haben Sie negative Emotionen?

(Schweigen)

– Sie müssen nicht antworten, wenn Sie nicht wollen.

Nun, ich bin mir nicht sicher, ob ich es sagen soll.

– Das können ganz allein Sie entscheiden.

Nun ... Ich bin eifersüchtig. Ich bin sehr eifersüchtig. Und ich weiß, woher das kommt. Es kommt von meinem Vater, der meine Mutter für eine andere Frau verlassen hat, und von meiner Mutter, die mich immer wieder davor gewarnt hat, Männern zu vertrauen.

– Hat das Einfluß auf Ihre Beziehung zu Ihrem Mann?

Ja, oh ja, ich kann sehr eifersüchtig werden, sehr besitzergreifend und voller Furcht vor anderen Frauen. Wie neulich, als wir mit Freunden zu Abend aßen und eine meiner Freundinnen Larry [ihren Mann] fragte, ob er schon einmal in Indien gewesen sei. Er sagt, ja, er sei schon dort gewesen, aber er wollte nicht darüber reden, weil er dort mit einer Freundin war und wußte, daß es mich empören würde, wenn er anfangen würde, darüber zu reden. Er wollte also nicht darüber sprechen, aber sie stellte immer neue Fragen, bis ich ihr sagte: »Hör' mal, er will nicht darüber reden. Er war dort mit einer Freundin und das verletzt mich.« Larry und ich haben deswegen oft gestritten.

– Haben Sie etwas dagegen unternommen?

Ja. Wir haben geredet, lange geredet. Wir sind uns beide unserer selbst sehr bewußt, wir sind beide stark an Psychoanalyse und Therapie interessiert. Also haben wir geredet und geredet, haben analysiert. Das war es, darüber reden, es verstehen, und er, der mir immer wieder versichert hat, daß er mich liebt und mich nie für eine andere Frau verlassen würde. Ich denke, die Tatsache, daß wir über unsere Gefühle reden und sie wirklich verstehen konnten, hat uns letztlich gerettet.

Dieses hochqualifizierte Paar besitzt das, was ich »emotionale Kompetenz« (oder im Jargon der Psychologie: Intelligenz) genannt habe, nämlich ein Gespür für das eigene Selbst, die Fähigkeit, die eigenen Gefühle zu identifizieren, über sie zu reden, sich in die Position des anderen einzufühlen und Lösungen für ein Problem zu finden. Die therapeutische Sprache und die emotionale Intelligenz dieses Paars sind »echte« kulturelle Ressourcen, und zwar nicht, weil die beiden die »wahre« Natur ihrer emotionalen Probleme durchschauen, sondern weil sie sich auf eine allgemeine kulturelle Struktur stützen können, die ihnen hilft, ihre schwer verständlichen Emotionen zu durchdringen und sie unter Verweis auf ein Narrativ des Leidens und der Selbsthilfe »effektiv« werden zu lassen, ein Narrativ, an dem sie beide teilhaben und das sie sich zunutze machen können, um ihre Intimität zu festigen.

Anders gesagt: Emotionale Kompetenz ist nicht nur eine Form des Kapitals, die in soziales Kapital oder in berufliche Aufstiegspfade umgewandelt werden kann, sie ist auch eine Ressource, die ganz gewöhnliche Leute aus der Mittelschicht nutzen können, um im Privaten glücklich zu werden.

Man vergleiche das vorangegangene Interview mit dem eines Arbeiters, George, 50 Jahre alt, der als Hausmeister tätig ist:

Und die zweite [Frau] hat mich verlassen – nicht ich habe sie verlassen. Ich sagte, ich hätte sie verlassen, aber ich habe sie nicht verlassen. Sie hat mich verlassen. Eines Morgens kam ich von der Arbeit nach Hause, es war zwei Uhr, und sie hatte eine Menge Zeug genommen, das sie nicht hätte nehmen sollen, ohne mir was zu sagen. Ich hätte ihr gesagt...

– Sie hat Ihnen vorher nicht angedeutet, daß sie gehen könnte?

Nein, nein.

– Wie erklären Sie sich dann, daß sie gegangen ist?

Sie ist gegangen. Und sie hat mir nichts gesagt. Das ist das einzige, was mir einfällt. [Später im Gespräch] Nachdem sie weg war, nach dem ersten Schock, und es war nicht so sehr der Schock über ihr Gehen, es, es war der Schock darüber, was sie getan hatte, verstehen sie. Das hat mich mehr als alles andere empört.

– Was genau hat sie denn getan?

Nun ja, Sie verstehen, ich meine die Art, daß sie sich nicht mit mir hingesetzt und geredet hat. Sie hätte mir was sagen können. Ich hätte mich besser gefühlt, wenn sie mir was gesagt hätte, wenn sie sagt »George, ne, ich bin nicht zufrieden mit der Situation und werde ausziehen.« Es wäre für mich wichtig gewesen, wenn sie direkt zu mir gekommen wäre und was gesagt hätte. So habe ich ihr nämlich mehrmals gesagt, daß ich nicht zufrieden bin, verstehen Sie.

– Wie hat sie es Ihnen denn gesagt?

Das weiß ich nicht. Das weiß ich nicht.

Sie wissen das nicht. Und was ist schwierig, wenn sie auszieht, ohne was zu sagen?

Ich habe dann den Eindruck, daß ich nur noch wenigen Frauen vertrauen kann oder überhaupt kaum noch jemanden, denn wenn man jede Nacht mit jemandem verbringt, und plötzlich kommst du eines Tages nach Hause, das ist ein schreckliches Gefühl. Es ist wie »Ich lasse dich in mein Haus einbrechen, und dann zerstörst du 60 Jahre meines Lebens.« Es ist so wie ihr Gehen, ich komme nach Hause von der Arbeit, und jemand ist in das Haus eingebrochen und hat viel Zeug mitgenommen. Dafür habe ich hart gearbeitet, Sie wissen, was ich meine. Das ist ein niederschmetterndes Gefühl. Sie wissen, was ich meine. Das sind die beiden – vor dem Badezimmer, als ich die Kränze im Krankenhaus aufsammelte und sie mir sagten, meine Frau sei bei einem Verkehrsunfall ums Leben gekommen, das waren die schlimmsten Schockmomente meines Lebens.

Auffällig ist hier die Tatsache, daß dieser Mann keinen Erklärungsrahmen besitzt, der ihm helfen könnte, seinen Schmerz zu rationalisieren und so mit ihm zurechtzukommen. Er erfährt das Verlassenwerden durch seine Frau als unerklärbaren Schock, der in dem Maße noch dramatischere und schmerzhaftere Züge annimmt, wie er ihn nicht mit Bedeutung aufladen kann. Stellt man die beiden Beispielfälle nebeneinander, sieht man, daß das therapeutische Modell der Kommunikation nicht nur ein Instrument ist, das uns »diszipliniert«, uns »narzißtisch« macht oder den Interessen der Psychologen unterwirft, wie Sozialkonstruktivisten gerne behaupten. Vielmehr eignet sich das therapeutische Modell »gut« für den Umgang mit der flüchtigen Natur des Selbst und den sozialen Beziehungen in der späten Moderne. Es eignet sich »gut für« das Strukturieren divergenter Biographien, es liefert eine Technologie, um Individualität mit den Institutionen zu versöhnen, in deren Rahmen sie agiert, um mit den Brüchen zurechtzukommen, die für moderne Biographien kennzeichnend sind, und, vielleicht am wichtigsten, um die Stellung des Selbst und sein Sicherheitsempfinden zu bewahren, das genau in dem Maße verletzbar geworden ist, wie das Selbst beständig inszeniert und durch andere bewertet und bestätigt wird.[55]

Das therapeutische Modell ist nicht nur deswegen – oder nicht allein deswegen – so einflußreich, weil es den Interessen vieler unterschiedlicher Gruppen und Institutionen dient, sondern auch, weil es kulturelle Schemata des kompetenten Selbstseins mobilisiert und dabei hilft, die chaotische Struktur der sozialen Beziehungen in der späten Moderne zu ordnen. Auch wenn wir die Rolle, die die Psychologie in und mit Institutionen spielt, entlarven, sollten wir Soziologen nicht vergessen, welche Rolle sie in einer Ökonomie persönlicher Probleme spielt. Wollen wir verhindern, daß die Psychologie uns den Boden unter den Füßen wegzieht, dann sollten wir versuchen, eine Kritik sozialer Ungerechtigkeit zu reformulieren, die sich für die Art und Weise interessiert, in der der Zugang zu psychologischem Wissen möglicherweise dazu beiträgt, unterschiedliche Formen des Selbstseins zu hierarchisieren.

55 Vgl. Richard Sennett, *The Corrosion of Character. The Personal Consequences of Work in the New Capitalism*, New York 1998 (dt. *Der flexible Mensch. Die Kultur des neuen Kapitalismus*, Berlin 1998).

Ich will, vielleicht etwas paradox, dieses Kapitel nicht mit Marx, sondern mit Freud schließen. In seinen *Vorlesungen zur Einführung in die Psychoanalyse* entwirft Freud ein Haus, das über zwei Stockwerke verfügt, die »ebene Erde« und den ersten Stock.[56] Zu ebener Erde wohnt die Tochter des »Hausbesorgers«, im ersten Stock die des »Hausherrn«. Freud stellt sich weiter vor, die beiden hätten sehr früh in ihrem Leben spielerisch sexuellen Kontakt gehabt. Nun teilt Freud uns mit, daß sie sich sehr unterschiedlich entwickeln werden: Die Tochter des Hausmeisters, die kaum über das Spiel mit ihren Genitalien nachdenkt, wird ohne Schaden bleiben, ja, Freud geht so weit, sich vorzustellen, daß sie eine erfolgreiche Künstlerin oder sogar eine Aristokratin wird. Die Tochter des Hausherrn dagegen, die von Anfang an mit Idealen weiblicher Reinheit und Enthaltung aufgewachsen ist, wird die sexuelle Aktivität ihrer Kindheit als unvereinbar mit solchen Idealen auffassen, wird von Schuld getrieben werden, sich in eine Neurose flüchten, nicht heiraten und letztlich, hier spiegeln sich die Vorurteile Freuds und seiner Zeitgenossen wider, das einsame Leben einer Jungfer führen. Freud stellt sich also vor, daß das soziale Schicksal der beiden Mädchen mit ihrer psychischen Entwicklung verwoben ist, daß die Neurose oder ihr Fehlen die soziale Laufbahn der Mädchen bestimmt. So legt er nahe, daß die Mitglieder unterschiedlicher Schichten Zugang zu unterschiedlichen, wenn nicht sogar ungleichen, emotionalen Ressourcen haben, und daß die Unterschichten gewissermaßen emotional besser ausgerüstet sind als die Mittelschichten, da gerade ihr Mangel an sexueller Hemmung das Entstehen von Neurosen verhindern kann. Nur deswegen kann die Tochter des Hausmeisters sozial aufsteigen.

So vertritt Freud eine interessante und komplexe Position

56 Sigmund Freud, *Vorlesungen zur Einführung in die Psychoanalyse*, in: ders., *Studienausgabe*, Band 1, Frankfurt/M. 1969, S. 345 f.

mit Blick auf das Verhältnis zwischen sozialen und psychischen Laufbahnen; er weist auf einige Verbindungen zwischen Emotionen und sozialen Positionen hin; er legt nicht nur nahe, daß die Klassenzugehörigkeit die Emotionen bestimmt, sondern auch, daß Emotionen eine unsichtbare, aber gleichwohl einflußreiche Rolle beim Stören von Klassenhierarchien und für die soziale Mobilität spielen. Durch die Annahme, daß die von den Mittelschichten getragene Moral der Emotionen, die für das Funktionieren der kapitalistischen Arbeitswelt funktional war (weil sie das Erlernen von Selbstkontrolle und Verzicht verlangte), nicht mit einer erfolgreichen persönlichen und emotionalen Entwicklung vereinbar ist, gibt Freud zu verstehen, daß die Herrschaft, die die Mittel- und Oberschichten über den sozialen und ökonomischen Bereich ausüben, in letzter Konsequenz nicht nur ein erfülltes und glückliches Leben dieser Schichten erschwert, sondern am Ende auch ihr Vermögen, sich zu reproduzieren.

Natürlich müssen wir Freud keinen Glauben schenken und entdecken bei ihm vielleicht sogar eine für die Mittelschichten spezifische Furcht vor sozialem Abstieg, die ihrerseits wiederum die Ausweitung des Reichs der Psychoanalyse rechtfertigt. Trotzdem enthalten seine Bemerkungen sehr interessante soziologische Hinweise, besonders die Annahme, es könne neben den üblichen Hierarchien materieller und symbolischer Güter noch eine parallele emotionale Hierarchie geben, die die konventionellen Hierarchien stören oder ihnen sogar ganz und gar zuwiderlaufen kann. Und doch liegt an diesem Punkt eine gewisse Ironie vor: Während es vielleicht wirklich einen historischen Augenblick gab, in dem die Tochter des Hausmeisters anders als die des Hausherrn erfolgreicher hätte sein können, haben Freud und die therapeutischen Berufe eine Welt geschaffen, in der die Tochter des Hausherrn wieder deutlich mehr Vorteile hat als die des Hausmeisters. Diese Vorteile betreffen nicht nur den konventionellen sozioökonomischen Bereich, der uns vertraut ist, sondern auch den emotionalen. In dem Maße nämlich, in dem das therapeutische Ethos zum Eigentum der Mittelschichten und ihrer Arbeit geworden ist, hat es die Männer und Frauen viel besser in die Lage versetzt, mit den Widersprüchen, Spannungen und Ungewißheiten umzugehen, die intrinsisch und strukturell zeitgenössischen Biographien und Identitäten zugerechnet werden.[57] Die Tochter des Hausherrn hat mittlerweile wahrscheinlich einen Vater und eine Mutter, die sich bestens mit psychologischen Methoden der Erziehung auskennen; ja, es ist wahrscheinlich, daß sie selbst in irgendeiner Form eine Therapie durchlaufen und so den emotionalen Habitus erworben hat, mit dessen Hilfe sie erfolgreich auf Heirats- und Wirtschaftsmärkten konkurrieren kann. Was diese Überlegungen für unser Verständnis der Beziehung zwischen dem eigenen emotionalen Leben und der Schichtzugehörigkeit bedeuten, bleibt zu klären; allerdings sieht es so aus, als hätte uns der Kapitalismus nicht ohne Rache zu Anhängern Rousseaus gemacht. Das ist nicht nur in dem Sinne gemeint, in dem emotionale Felder des Handelns Identitäten öffentlich ausgestellt und erzählt haben, und auch nicht in dem Sinne, in dem Emotionen zu Instrumenten sozialer Klassifikationen geworden sind, sondern auch in dem Sinne, in dem wir von neuen Hierarchien des emotionalen Wohlbefindens sprechen, die gemessen werden am Vermögen, sozial und historisch situierte Formen des Glücks und des emotionalen Wohlbefindens zu erreichen.

57 Ulrich Beck und Elisabeth Beck-Gernsheim, *Das ganz normale Chaos der Liebe*, a.a.O.

III. Romantische Netze

Ich will gleich in medias res gehen mit einem Film, der bei seinem Erscheinen recht erfolgreich war: *E-Mail für dich (You've got mail)*. Nora Ephrons Film von 1999 handelt von der Besitzerin eines Kinderbuchladens, Cathleen Kelly, die im realen Leben einen Freund hat, zugleich aber eine platonische Beziehung zu jemandem im Internet führt. Sie kennt ihren Internetfreund nicht, aber wir als Zuschauer wissen, wer er ist. Als Joe Fox (Tom Hanks), der Besitzer eines Megabuchladens à la Barnes and Noble Cathleen (Meg Ryan) in den Ruin treibt, wissen wir als Zuschauer also, daß die beiden Geschäftsfeinde in Wirklichkeit eine intensive romantische Beziehung im Netz führen. Der Film folgt dem Genre der Screwball-Comedy, da er zeigt, wie die beiden Protagonisten ihre gegenseitige Abneigung zunächst ausleben, sich dann langsam anziehend finden und sich schließlich ganz ihrer gegenseitigen Liebe hingeben. Was allerdings aus dem Film eine komödienhafte Internetromanze macht, ist die Tatsache, daß Meg Ryan in dem Augenblick, in dem sie zwischen Joe Fox (zu dem sie sich hingezogen fühlt und den sie, wie wir wissen, mag) und ihrem Internet-Liebhaber wählen muß, letzterem den Vorzug gibt (ohne zu wissen, daß die beiden identisch sind). Natürlich endet alles glücklich, als sie herausfindet, daß ihr Internet-Liebhaber und die Person, zu der sie sich im realen Leben zögernd hingezogen fühlt, ein und dieselbe sind. Der Punkt, um den es hier geht, ist einfach: In dem Film scheint das Internet-Selbst authentischer, echter und leidenschaftlicher zu sein als das soziale, öffentliche Selbst, das sich eher vor anderen fürchtet, das defensiv oder täuschend auf sie reagiert. Im Gegensatz zur Romanze im Netz, in deren Verlauf beide ihre verborgenen Schwächen und ihre wahre Großzügigkeit offenbaren können, zeigen Joe und Cathleen einander im »realen« Leben nur ihr schlimmstes – vorgeblich unechtes – Selbst.

Auf den ersten Blick ist das überraschend. So fragen die Internet-Forscher Erich Merkle und Rhonda Richardson: »Wie können romantische Beziehungen [...] in dieser scheinbar unbelebten und unpersönlichen globalen Matrix von Computern entstehen?«[1] Die Antwort des Films ist simpel: Die Romanze im Netz ist der Beziehung im echten Leben unvergleichlich überlegen, weil sie den Körper auslöscht und so einen scheinbar vollständigeren Ausdruck des eigenen authentischen Selbst ermöglicht. Das Internet wird eindeutig und positiv als eine Technologie der Entkörperlichung betrachtet. In diesem Sinne beruht der Film auf der Idee, daß sich das Selbst besser und authentischer offenbart, wenn es außerhalb der Zwänge körperlicher Interaktion präsentiert wird. Diese Idee paßt wiederum zu einem »wesentlichen utopischen Diskurs, der die Computer-Technologie umgibt« und der sich auf die Möglichkeit stützt, »die Computer den Menschen bieten, um ihren Körpern zu entrinnen. [...] In der Computer-Kultur wird das Körperhaben häufig als ein mißliches Hindernis für das Vergnügen der Interaktion mit dem Computer betrachtet. [...] Im Bereich des Cyber-Schreibens bezieht man sich auf den Körper häufig als ›Fleisch‹, als das tote Fleisch, das den aktiven Geist umgibt, aus dem das ›authentische‹ Selbst besteht.«[2]

Dieser Sichtweise gemäß ermöglicht der Körper – genauer: der fehlende Körper – den Emotionen, aus einem authentischeren Selbst hervorzugehen und so einem wertvolleren Objekt zuzufließen, nämlich dem entkörperlichten wahren Selbst eines anderen. Ist das jedoch der Fall, ergibt sich aus der Perspektive einer Soziologie der Emotionen ein besonderes Problem, da Emotionen im allgemeinen und roman-

1 Erich R. Merkle und Rhonda A. Richardson, »Digital Dating and Virtual Relating. Conceptualizing Computer Mediated Romantic Relationships«, in: *Family Relations*, 49:2, 2000 S. 187-192 (hier S. 187).

2 Deborah Lupton, »The Embodied Computer/User«, in: Mike Featherstone und Roger Burrows (Hg.), *Cyberspace/Cyberbodies/Cyberpunk. Cultures of Technological Embodiment*, London 1996, S. 100.

tische Emotionen im besonderen im Körper verankert sind. Schwitzende Handflächen, ein beschleunigter Herzschlag, das Erröten der Wangen, das Schütteln von Händen, geballte Fäuste, Tränen, Stottern – das sind nur einige Beispiele für die Art, in der Körper und Emotionen zutiefst miteinander verwoben sind – und das gilt ganz besonders mit Blick auf die Liebe. Wenn das so ist und wenn das Internet den Körper auslöscht oder einklammert, wie kann es dann überhaupt Emotionen prägen? Genauer: Welchen Entwurf von Körperlichkeit und Emotion produziert die Technologie?

Das umworbene Internet

Online-Partnersuchdienste sind ein äußerst beliebtes und profitables Geschäft geworden. Im Jahr 1999 hatte einer von zwölf erwachsenen Singles in den USA Partnersuche übers Internet betrieben.[3] Die amerikanische Seite match.-com, die schon 1995 gegründet wurde, behauptet, über fünf Millionen registrierte Nutzer zu haben, und prahlt mittlerweile mit zwölf Millionen Zugriffen am Tag.[4] Genaue Zahlen sind nicht leicht zu bekommen, aber es sieht so aus, als würden allein in den USA zwischen 20 und 40 Millionen Personen im Monat Online-Partnersuchdienste besuchen,[5] darunter über eine Million Personen über 65.[6] Legt man

3 Stephanie Stoughton, »Log on, find love«, in: *The Boston Globe*, 11. Februar 2001.

4 *Match.com* behauptet, 89 000 Nutzer hätten mit Hilfe der Seite die Liebe ihres Lebens gefunden; zwölf Millionen Nutzer würden die Seite in 246 Ländern in 18 verschiedenen Sprachen besuchen. Der Rivale *matchnet.com* behauptet, 9,5 Millionen aktive Mitglieder zu haben.

5 David Brooks, »Love, Internet Style«, in: *New York Times*, 8. November 2003; Kathryn Wexler, »Dating Websites get More Personal«, in: *The Miami Herald*, 20. Januar 2004.

6 Catherine Saillart, »Internet Dating Goes Gray«, in: *Los Angeles Times*, 19. Mai 2004.

einen Paketpreis von monatlich 25 Dollar zugrunde, zeigt sich, daß die Partnersuche über das Internet auch ein lukratives Geschäft ist. Mit dem Erreichen des dritten Quartals des Jahres 2002 zählten Partnersuchdienste sogar zu den am besten bezahlten Seiten im Internet, mit Umsätzen von über 300 Millionen Dollar pro Jahr. Im Kontext der gesamten Internetökonomie gehören Online-Partnersuchdienste und -Anzeigen zu den Spitzenverdienern, mit einem Umsatz von 87 Millionen Dollar im dritten Quartal 2002 und einer Steigerung von 387 Prozent im Vergleich zum Vorjahreszeitraum.[7]

In diesem Kapitel konzentriere ich mich hauptsächlich auf Internetseiten, die behaupten, Menschen beim Finden von langjährigen Partnerschaften zu helfen; Seiten mit explizit sexuellem Gehalt interessieren mich weniger, da gerade das Verhältnis von Technologie und Emotionen im Mittelpunkt meines Interesses steht.[8]

Virtuelle Begegnungen

Wie kommt das eigene Selbst dazu, mit einem Partnersuchdienst im Internet zu interagieren? Wie kommt man überhaupt dazu, virtuellen anderen zu begegnen? Um Zugang zu der ungeheuren Menge an potentiellen Partnern zu erhalten, verlangen viele Anbieter das Ausfüllen eines Fragebogens, der dann »Profil« genannt wird. Ein Dienst drückt das so aus: »Ziel ist es, dir zusätzliche Mittel an die Hand zu geben, die dir helfen können, deinen emotionalen Partner

7 Jennifer Davies, »Cupid's Clicks«, in: *San Diego Union Tribune*, 10. Februar 2002.

8 Ich habe 15 Israelis und 10 Amerikaner für diese Untersuchung befragt. Obgleich es klare kulturelle Differenzen zwischen den Gruppen gibt, war ich über die Konvergenzen der Nutzung und Deutung von Online-Partnersuchdiensten erstaunt.

zu finden und das bloß Körperliche zu überwinden.«[9] Auf der sehr populären Seite *eharmony.org*, dem am schnellsten wachsenden Partnersuchdienst, wurde der Fragebogen, der einem hilft, das eigene Profil aufzubauen, nicht nur von einem Psychologen entworfen, sondern auch gleich patentiert. Mit anderen Worten, die Technologie des Internet beruht auf einem intensiven Gebrauch psychologischer Kategorien und Annahmen darüber, wie das Selbst verstanden werden muß und wie Gemeinschaft durch emotionale Kompatibilität hergestellt werden kann. So prahlt *eharmony* damit, sich von allem zu unterscheiden, »was du bisher erlebt hast. [...] Unser Persönlichkeitsprofil [...] hilft dir, mehr über dich und deinen idealen Partner zu lernen, und erlaubt uns, dich mit extrem kompatiblen Singles zusammenzubringen.« Die Seite wurde von einem klinischen Psychologen gegründet, Dr. Neil Clark Warren, der behauptet, wissenschaftliche Erkenntnisse gesammelt zu haben, die ihn in die Lage versetzen, erfolgreiche Ehen vorherzusagen (etwa Erkenntnisse über Persönlichkeit, Lebensstil, emotionale Gesundheit, den Umgang mit Wut, sexuelle Leidenschaft etc.). Hat man die fast fünfhundert Fragen beantwortet und ist man zudem bereit, die Gebühr zu bezahlen, so kann man eine computergestützte Suche nach dem geeigneten Profil starten. Das »Profil« ist in diesem Sinne die Antwort des Computers auf die Frage, wer man ist. Es ist dieses psychologische Profil, das mit den potentiell kompatiblen Profilen von anderen abgeglichen wird.

Um also einen virtuellen anderen zu treffen, muß das Selbst einen enormen Prozeß reflexiver Selbstbeobachtung und Selbstklassifizierung sowie eine bewußte Artikulation eigener Vorlieben und Meinungen durchlaufen. *Match.com* etwa erlaubt eine Konstruktion des eigenen Selbst mit Hilfe der folgenden Kategorien: Der Abschnitt »Deine Erscheinung« beinhaltet detaillierte Beschreibungen der eigenen

9 Judy Silverstein und Michael Lasky, *Online Dating for Dummies*, New York 2004, S. 109.

Augen (es gibt acht Möglichkeiten, die eigene Augenfarbe zu beschreiben), des eigenen Haars (dreizehn Möglichkeiten, zum Beispiel »geflochten«, »rasiert«, »vom Wind zerzaust« und »weggesteckt«), der Tätowierungen auf dem eigenen Körper und einer vielversprechenden Kategorie, die wie folgt beschrieben wird: »Gib ein bißchen an: was ist dein attraktivster Zug?« (Bauchnabel, Beine, Lippen etc.). Die zweite Kategorie beinhaltet »meine Interessen«, mit Unterabteilungen wie »Was macht dir Spaß?«, »Was sind deine Lieblingsorte in deiner Nähe oder deine beliebtesten Reiseziele?«, »Was sind deine Lieblingsgegenstände?«, »Wie würdest du deinen Sinn für Humor beschreiben?« und: »Welche Art von Sport gefällt dir?«. Ein anderer Abschnitt trägt den Titel »Welche gemeinsamen Interessen würdest du gerne mit anderen Mitgliedern teilen?« Der Abschnitt über Lebensstil stellt sehr genaue Fragen über die eigenen Nahrungsgewohnheiten, das Interesse an Sport, den Umgang mit Rauchen und Trinken, er will wissen, ob man Kinder hat oder haben will und ob man Haustiere mag, etwa Vögel, Katzen, Hunde, Fische, exotische Tiere, Flöhe oder Wüstenrennmäuse. Ein anderer Abschnitt dreht sich um die eigenen »Werte«. Er beinhaltet ausführliche Fragen zum eigenen religiösen Glauben und zur eigenen religiösen Praxis, darüber hinaus zielt er auf die eigenen politischen Überzeugungen. Wieder ein anderer Abschnitt stellt eine Reihe von Fragen, die den gewünschten Partner betreffen (die Fragen nach Erscheinung, Bildung, Religion, Politik, Rauch- und Trinkgewohnheiten etc. wiederholen sich). Zusätzlich kann man auch Fragen finden wie: »Was macht dich an, was nervt dich?« (mögliche Antworten: »body piercing«, »lange Haare«, »Erotika«, »Geld«, »Gewitter« oder »Macht«).

Kurz gesagt, verlangen Partnersuchdienste im Internet, daß man sich selbst objektiv beschreibt und zugleich die eigenen Ideale (der Liebe, des Partners, des Lebensstils) in der Phantasie wachruft und ausarbeitet.

Solche Prozesse der Selbstpräsentation und der Suche

nach einem Partner hängen ganz und gar vom psychologischen Diskurs ab, und zwar in drei Hinsichten: Zum einen wird das Selbst konstruiert, indem es in einheitliche Kategorien des Geschmacks, der Meinung, der Persönlichkeit und des Temperaments aufgeteilt wird, so daß es anderen unter Bezug auf die Idee und Ideologie psychologischer und emotionaler Kompatibilität begegnen kann. Diese Begegnung verlangt ein hohes Maß an Introspektion und das Vermögen, das eigene psychologische Profil und das des anderen zu artikulieren.

Zum zweiten bringt das Erstellen eines Profils das Internet, wie auch andere psychologisch-kulturelle Formen (Talkshows, Selbsthilfegruppen), dazu, das private Selbst in einen öffentlichen Auftritt zu verwandeln. Genauer, das Internet macht das private Selbst sichtbar und stellt es einem abstrakten und anonymen Publikum vor, das gleichwohl kein Publikum ist (im Habermaschen Sinne des Wortes), sondern eine bloße Ansammlung privater Selbste. Im Internet wird aus dem privaten psychologischen Selbst ein öffentlicher Auftritt.

Schließlich trägt das Internet, wie das psychologische Weltbild insgesamt, zu einer Textualisierung der Subjektivität bei (was im ersten Teil bereits ausführlich diskutiert wurde), das heißt zu einer Art des Selbstzugangs, die das Selbst mit Hilfe visueller Mittel der Repräsentation und Sprache externalisiert und objektiviert.

Aus diesen Überlegungen folgen wiederum vier Konsequenzen: Um eine andere Person zu treffen, muß man sich intensiv auf sich selbst konzentrieren, auf die Wahrnehmung des eigenen Selbst und auf das Ideal vom eigenen und vom anderen Selbst. So läßt sich sagen, daß der Sinn für die eigene Einzigartigkeit durch die Partnersuchseiten des Internet geschärft wird. Die zweite Konsequenz ist, daß die Ordnung, in der romantische Interaktionen traditionellerweise vollzogen wurden, eine Umkehrung erfahren hat: Wo Anziehung normalerweise dem Wissen vom anderen vorausgeht, geht hier Wissen der Anziehung oder zumindest der physischen Präsenz und Verkörperung romantischer Interaktionen voraus.[10] Gegenwärtig begreifen sich die Menschen im Internet zunächst als Bündel von Attributen und erfassen erst in weiteren – langsam größer werdenden – Schritten die körperliche Präsenz des anderen.

Die dritte Konsequenz ist, daß die Begegnung unter dem Banner der liberalen Ideologie der »Wahlfreiheit« steht. Keine mir bekannte Technologie hat auf so extreme Weise den Begriff des Selbst als eines »wählenden« Selbst und die Idee, die romantische Begegnung solle das Ergebnis der bestmöglichen Wahl sein, radikalisiert. Die virtuelle Begegnung wird so buchstäblich innerhalb der Marktstrukturen organisiert.

Und schließlich: Das Internet setzt jeden, der nach anderen sucht, auf einem offenen Markt der Konkurrenz mit anderen aus. Meldet man sich auf einer Seite an, ist man sofort in einer Position, in der man mit anderen konkurriert, die man sogar sehen kann. Die Technologie des Internet konfrontiert das Selbst also mit Widersprüchen: Sie bedingt eine tiefe Wendung nach innen, das heißt, sie verlangt eine Fokussierung auf das eigene Selbst, um dessen unverwechselbare Essenz in Form von Geschmacksfragen, Meinungen, Phantasien und emotionalen Kompatibilitäten einzufangen und zu kommunizieren. Zugleich aber macht das Internet aus dem Selbst eine öffentlich ausgestellte Ware. Im Prozeß der Suche nach einem Partner im Internet verbindet sich intensiver Subjektivismus – einer psychologischen Form – mit einer Objektivation der Begegnung durch die Technologie und die marktförmige Struktur der Seiten. Das aber ist ein entscheidender Schritt weg von unserem traditionellen Verständnis der Liebe, was mein nächstes Thema sein soll.

10 Aron Ben-Ze'ev, *Love Online. Emotions on the Internet*, Cambridge 2004.

Warren Susman (vgl. oben, S. 25) betrachtet den Anfang des 20. Jahrhunderts als Wendepunkt hinsichtlich der Art, in der das Selbst verhandelt und präsentiert wird. Indem er »Persönlichkeit« und »Charakter« kontrastiert, legt Susman nahe, daß das Selbst zum ersten Mal zu etwas wird, das um der Erzeugung und Bearbeitung bestimmter Eindrücke willen aufgestellt und manipuliert wird. Seiner Ansicht nach spielten Konsumkultur und Modeindustrie eine gewichtige Rolle für die hervorgehobene Rolle jener Formen bewußter Selbstbearbeitung und Selbstdarstellung, die den Zweck verfolgen, eine andere Person zu verführen oder ihr zu gefallen. Hierin lag ein wichtiger Unterschied zum Selbst des 19. Jahrhunderts, das weniger fragmentiert war und sich auch nicht so sehr einer kontextabhängigen Manipulation ausgesetzt sah, weil es durch den holistischen Begriff des Charakters geprägt war.

Prima facie ermöglicht das Internet ein deutlich flexibleres, offenes und multiples Selbst, das damit gleichsam paradigmatisch wird für das postmoderne Selbst mit seiner Fähigkeit zum Spiel, zur Selbsterfindung und sogar zur Täuschung, wenn man an das Vermögen denkt, Informationen über das Selbst zu manipulieren. Und doch unterscheiden sich die Partnersuchdienste, die ich hier diskutiere, gerade deswegen vom postmodernen Gebrauch des Internet, weil sie das Selbst dazu bringen, sich mit Hilfe psychologischer Selbsttechnologien zu begreifen. Das postmoderne Selbst besteht ja hauptsächlich aus der bewußten Manipulation des eigenen Körpers, der eigenen Sprechmuster, des eigenen Benehmens und des eigenen Kleidungsstils. Die Arbeit der Selbstpräsentation, die sich im und durch das Internet ereignet, gehört allerdings einer anderen Ordnung an, weil sie ausschließlich auf Sprache beruht – genauer: geschriebener Sprache – und weil sie nicht auf einen besonderen, konkreten anderen zielt, sondern auf ein allgemeines Publikum unbekannter, abstrakter Kandidaten. Mit anderen Worten, die Selbstpräsentation des postmodernen Selbst setzt die Fähigkeit voraus, sensibel auf unterschiedliche soziale Kontexte zu reagieren und verschiedene Rollen in ihnen zu spielen, und fördert diese Fähigkeit zugleich. Im Zusammenhang mit Online-Partnersuchdiensten nimmt die Selbstpräsentation aber einen gegensätzlichen Charakter an: vorausgesetzt wird eine Bewegung nach innen, die auf den festen Kern des Selbst zielt (wer bin ich und was will ich?); sie ist allgemein und standardisiert (man präsentiert sich mit einem standardisierten Fragebogen). Es ist folglich nicht kontext- oder personenbezogen, da der Zweck des Profils darin besteht, die Wahrheit über das eigene Selbst unabhängig von der Identität des Lesers anzubieten. Die Arbeit der Selbstpräsentation entfernt sich von wirklichen sozialen Auftritten und zielt weder visuell noch sprachlich auf einen konkreten, spezifischen anderen, sondern auf ein verallgemeinertes, abstraktes Publikum.

Während das postmoderne Selbst davon ausgeht, daß es kein Kernselbst gibt, nur eine Multiplizität von zu spielenden Rollen, ist das Selbst, das durch die Verbindung von Psychologie und Internet geschaffen wird, in dem Sinne »ontisch«, in dem es von einem permanenten Kernselbst ausgeht, das sich über eine Vielzahl von Repräsentationen einfangen läßt (Fragebogen, Photo, E-Mail etc.). Das Internet sorgt auf folgenreiche Weise für eine Wiederbelebung des alten cartesianischen Dualismus zwischen Geist und Körper, wobei der einzige echte Ort für das Denken und die Identität im Geist angesiedelt wird. Ein Internetselbst zu haben bedeutet, ein cartesianisches Ego zu haben und sich durch den Blick aus den Mauern des eigenen Bewußtseins auf Welt einzulassen.

Ironischerweise aber gewinnt die physische Erscheinung im Prozeß der Selbstpräsentation genau dann eine neue und fast schmerzhafte Relevanz, wenn es um das Photo geht, das meist in der Nähe des eigenen Profils plaziert wird. Trotz der entkörperlichenden Aspekte des Internets sind Schönheit und Körperlichkeit omnipräsent, gerade weil sie zu geronnenen, festen Bildern werden, die den Körper in die ewige Gegenwart der Photographie bannen, und gerade weil diese Photos Teil eines konkurrenzorientierten Markts ähnlicher Photographien sind, generieren die Online-Partnersuchdienste intensive Praktiken körperlicher Selbsttransformation. Ja, weil das Bild für die Person steht, haben viele geradezu dramatische körperliche Wandlungen vollzogen. So behauptet zum Beispiel eine Interviewpartnerin, die 20jährige Sigal, daß sie aufgrund der Internetnutzung 20 Kilo abgenommen hat, weil ihr klar wurde, wie zentral die Rolle des Photos für die erste Auswahl ist. Oder die 30jährige Galia, Werbefachfrau: »Diesen Sommer wollte ich mein Profil verbessern, also bin ich zu meiner Schwester gegangen, die ein gutes Auge für diese Dinge hat; sie sagte, sie würde mir dabei helfen, besser auszusehen. So ging ich zum Friseur, verlor ein bißchen Gewicht, erwarb eine neue Brille und machte dann neue Photos.«

Durch die Präsentation in einem Photo finden sich die Individuen buchstäblich in der Position von Leuten wieder, die für die Schönheitsindustrie als Models oder Schauspieler arbeiten, das heißt, sie finden sich in einer Position wieder, a) die ihnen ein Höchstmaß an Bewußtsein für ihre physische Erscheinung abverlangt; b) in der ihr Körper die Hauptquelle sozialer und ökonomischer Werte ist; c) wo sie über ihren Körper in Konkurrenz zu anderen treten; d) wo ihr Körper und ihre Erscheinung insgesamt öffentlich ausgestellt werden. Ich erinnere mich in diesem Zusammenhang an eine Bemerkung bei Adorno und Horkheimer, die gegen Ende der *Dialektik der Aufklärung* schreiben: »Der Körper wird als Unterlegenes, Versklavtes noch einmal verhöhnt und gestoßen und zugleich als das Verbotene, Verdinglichte, Entfremdete begehrt.«[11]

11 Max Horkheimer und Theodor W. Adorno, *Dialektik der Aufklärung*, Frankfurt/M. 1969, S. 208.

Die sprachliche Seite des Profils bedingt eine kaum weniger intensive Konkurrenz zu anderen, wobei das Problem nun darin besteht, mit der Uniformität der Profile zu brechen. Als Beispiel für eine solche Uniformität kann die Analyse des Gehalts der kleinen Kästen herangezogen werden, in denen man sein innerstes Selbst zusammenfaßt (sie finden sich in der Nähe des Photos). Ich habe mir 100 solcher Kästen angeschaut. Überraschenderweise verwendet eine Mehrheit der Suchenden die gleichen Adjektive, um sich zu beschreiben: »Ich bin eine aufgeschlossene, offene, selbstbewußte Frau« oder »Ich bin süß und aufgeschlossen, gerade erst Single geworden« oder »Ich bin offen, lebenslustig und sympathisch« oder »Ich bin aufgeschlossen und bereit zu Abenteuern« oder »OK, los geht's, ich bin aufgeschlossen, humorvoll, klein, braunhaarig, habe braune Augen und bin total verrückt« oder »Ich bin eine attraktive, extrem aufgeschlossene neununddreißigjährige Frau, die sich um die kümmert, die sie liebt« oder »Oh je, was soll ich sagen – humorvoll, unbekümmert, hoffnungslos romantisch«. Ich denke, was hier passiert, ist nicht sehr mysteriös. Der Prozeß der Selbstbeschreibung bedient sich kultureller Skripte der wünschenswerten Persönlichkeit. Wenn sie sich in einer entkörperlichten Form anderen präsentieren, benutzen die Menschen etablierte Konventionen der wünschenswerten Person und applizieren sie auf ihr Selbst. Mit anderen Worten, die Verwendung der geschriebenen Sprache für die Präsentation des Selbst schafft, ironischerweise, Uniformität, Standardisierung und Verdinglichung. Ich schreibe »ironischerweise«, weil die Menschen in dem Augenblick, in dem sie die Fragebögen ausfüllen, sich selbst als einzigartig erfahren und sich auch anderen so zeigen sollen.

Gut erfaßt haben dieses Problem die Autoren von Ratgebern zur Partnersuche. Ein Beispiel: »Ganz gleich ob du ein Mann oder eine Frau bist, wenn du wie jeder andere klingst, wird es schwierig, dir irgendwie zu schreiben. Wie fängt man ein Gespräch mit einem Mann an, der nur geschrieben hat, daß er eine Frau sucht, die ›zuvorkommend, klug, lustig, rücksichtsvoll, romantisch, sexy und athletisch‹ ist? Na ja, vielleicht könntest du sagen ›Hallo. Ich bin zuvorkommend, klug, lustig, rücksichtsvoll, romantisch, sexy und athletisch. Ich schätze, wir passen zusammen.‹ Das denke ich nicht.«[12] Das Problem, um das es hier geht, bezieht sich auf die Tatsache, daß eine sprachvermittelte Selbstpräsentation zur Uniformität neigt. So erzeugt das Internet Verdinglichung, im nicht-Marxschen Sinne des Wortes, da sie die Menschen dazu bringt, sich selbst und andere wie sprachliche Kategorien zu behandeln; das Internet behandelt den abstrakten Begriff, als wäre er die reale Sache. Dies läßt sich auch auf Lukács' Definition der Verdinglichung beziehen, nach der »eine Beziehung zwischen Personen den Charakter einer Dinghaftigkeit und auf diese Weise eine ›gespenstige Gegenständlichkeit‹ erhält, die in ihrer strengen, scheinbar völlig geschlossenen und rationellen Eigengesetzlichkeit jede Spur ihres Grundwesens, der Beziehung zwischen Menschen verdeckt«.[13] Tatsächlich sucht eine solche Phantomobjektivität, die das Selbst unter sprachliche Benennungen und die Interaktion unter Technologie subsumiert, die Partnersuchdienste im Internet heim.

Um zusammenzufassen: Während ein erfolgreiches psychologisches Profil verlangt, sich von der homogenen Masse der »Ich bin lustig und spaßig« zu unterscheiden, verlangt das photographische Profil demgegenüber eine Übereinstimmung mit den etablierten Richtlinien für Schönheit und Fitness. Im Netz sind folglich diejenigen am erfolgreichsten, die sich über ihre sprachliche Originalität und ihre physische Konventionalität auszeichnen.

12 Evan Marc Katz, *I Can't Believe I'm Buying This Book. A Common sense Guide to Successful Internet Dating*, Berkeley 2003, S. 96.

13 Georg Lukács, *Geschichte und Klassenbewußtsein*, in: *Werke*, Band 2 (Frühschriften II), Neuwied und Berlin 1968, S. 257.

Nicht nur die Präsentation des Selbst schlägt sich mit dem Problem der Homogenität und Standardisierung herum, auch die romantische Begegnung wird von zahllosen ähnlichen Problemen geplagt. Die Probleme fangen mit der extrem langen Liste potentieller Kandidaten an, denen man sich gegenübersieht, wenn man den gewünschten Partner erst einmal definiert hat. Auch wenn die Kriterien zahlreich sind, bleiben sie doch in der Regel begrenzt. Bedenkt man die enormen Datenmengen, die die größten Anbieter zur Verfügung stellen, kann es nicht überraschen, daß die normale Suche in der Regel eine große Menge potentieller Kandidaten auswirft. Sucht man beispielsweise einen blonden, schlanken Nichtraucher unter fünfunddreißig mit akademischer Ausbildung, werden zwangsläufig sehr viele Menschen dieser Beschreibung entsprechen.

Der bloße Umfang der Interaktionen erzwingt die Entwicklung von Techniken des Umgangs damit und macht sowohl Online- als auch Offline-Begegnungen hochgradig repetitiv. Nehmen wir Artemis, eine 33jährige Frau, die seit sechs Jahren im Netz ist. Artemis ist technische Übersetzerin und arbeitet zu Hause. Sie benutzt den Computer für ihre Arbeit, und weil sie zu Hause arbeitet, ist sie in der Lage, sich ständig mit der großen Zahl von Männern zu beschäftigen, die an ihrem Profil interessiert sind. Ihre Karte ist 26 347 Mal besucht worden. In ihrem Blog bemerkt sie dazu: »Mein Profil wird permanent besucht, so wie ich auch permanent andere Profile besuche.« Um diesen enormen Fluß virtueller Begegnungen zu bearbeiten, hat sie für die Männer Dateien angefertigt und verschiedene Ordner für jeden von ihnen erstellt, denn sonst, so sagt sie, »kann man kaum folgen«.

Der Umfang der Interaktionen ist so groß, daß mittlerweile einzelne Webseiten angefangen haben, Techniken und Zeichen zu entwerfen, die den Nutzern helfen sollen, mit der großen Anzahl von Menschen klarzukommen, etwa Hot Lists, Sternchen, Pfirsiche, Trophäen sowie Flammen, auf denen »heiß« steht. Das Gesetz der Zahl ist hier sehr entscheidend und scheint die Art, in der sich Liebesbeziehungen entfalten, auf bedeutsame Weise verändert zu haben. Nicht anders als im Bereich der ökonomischen Produktion um die Wende zum 20. Jahrhundert, sehen sich die Menschen nun im Bereich der Liebesbeziehungen dem Problem gegenüber, wie sie mit der größeren Zahl und Geschwindigkeit romantischer »Produktion« sowie mit der größeren Zahl und Geschwindigkeit romantischen Konsums und romantischer Tauschgeschäfte umgehen sollen. So senden beispielsweise viele Nutzer aufgrund des bloßen Umfangs der Interaktionen die gleiche standardisierte Botschaft an alle Interessenten, so daß sich der ganze Prozeß dem des Tele-Marketing angleicht. In einem Ratgeber zur Partnersuche im Internet heißt es etwa: »Alex benutzte sogar einen Spickzettel, auf dem Heimatort, Beruf und die Universitätsrankings aufgelistet waren, damit er sich vor der Beantwortung von Anrufen über einzelne Details informieren konnte.«

Aufgrund des Umfangs und der Häufigkeit der Begegnungen gewinnen die Gespräche und das Treffen an sich zwangsläufig einen drehbuchartigen Charakter; viele meiner Interviewpartner geben an, im Verlauf einer Begegnung mit einem Partner die gleichen Fragen zu stellen und die gleichen Witze zu erzählen. Artemis, die Frau, der wir schon begegnet sind, schreibt über diese Treffen: »Ich kenne die Rituale so gut. Es fängt damit an, daß ich fast schon so etwas wie eine Uniform für einen *blind date* besitze. Das ist wetterabhängig, jede Jahreszeit hat ihre Uniform. Normalerweise bevorzuge ich Jeans und ein schickes Hemd, etwas, womit ich mich gut fühle, physisch, aber auch mit Blick auf mein Gesamtempfinden. [...] In den meisten Fällen habe ich keine Erwartungen und bin nicht sonderlich nervös. Ich weiß genau, was passieren wird.« Der Umfang der Interaktionen läßt die Akteure auf ein begrenztes Repertoire von Gesten und Worten zurückgreifen, die sie, werden sie erst einmal gewohnheitsmäßig verwendet, schnell mit müder Ironie betrachten. Das liegt daran, daß ein großer Teil der Verzauberung, die wir traditionellerweise mit der Erfahrung romantischer Liebe assoziieren, an einer Ökonomie der Knappheit hängt, die ihrerseits Neuheit und Aufregung möglich macht.

Der Geist, der das Internet durchherrscht, ist dagegen der einer Ökonomie der Fülle. Das Selbst muß hier wählen und seine Optionen maximieren, es ist gezwungen, Kosten-Nutzen-Analysen und Effizienzberechnungen durchzuführen. Besonders auffällig zeigt sich das bei einer neuen Form der Online-Partnersuche, die sich Speedmatching nennt. *Match.com* wirbt wie folgt für das Speedmatching: »Das Online-Speedmatching ist eine neue, aufregende Art, Singles online von zu Hause, vom Büro oder mit dem Laptop von unterwegs aus zu treffen. Du siehst das Photo und Profil eines potentiellen Partners, bevor du mit ihm oder ihr vier Minuten am Telefon sprichst.« Man soll aus einer Liste eine Sitzung auswählen, die zu einer festen Zeit, etwa am Sonntag, dem sechsten Oktober, um acht Uhr stattfindet. Diese Sitzungen bedienen de facto Marktlücken; so gibt es Sitzungen mit Titeln wie »jüdische Singles«, »heiratswillig«, »katholische Singles«, »frisch geschieden«, »reiseverliebt«, »freizeitorientiert«, »fitneßbegeistert« etc. Hat man eine Nische für sich gewählt, muß man sich für eine Zeit und einen Tag registrieren, an dem man dann mit sechs Leuten für genau vier Minuten sprechen kann. Der Computer versucht hier so genau wie möglich eine echte Interaktion nachzuahmen, indem die Menschen über ihre Stimme und ein Photo interagieren, das während des Gesprächs aufleuchtet. Die Dauer des Gesprächs wird durch eine laufende Uhr auf dem Bildschirm angezeigt. Sind die vier Minuten vorbei, wird die Verbindung automatisch unterbrochen. Anschließend soll man eine »Ergebniskarte« ausfüllen, die drei Kategorien enthält: »Ja«, »Nein« oder »Vielleicht«. Dann geht man zur nächsten Person über und so weiter, bis diese Sitzung mit sechs virtuellen Partner vorbei ist.

Das Speedmatching entspringt dem offensichtlichen Bedürfnis, Zeit und Effizienz zu maximieren, indem die Zielgruppe extrem genau eingekreist und die Interaktion auf einen strengen und knappen Zeitrahmen begrenzt wird.

Damit illustriert es auf perfekte Weise, was Ben Agger »schnellen Kapitalismus« nennt. Zwei Merkmale hat dieser Kapitalismus: Die kapitalistische Technologie neigt zur Zeitkomprimierung, um die ökonomische Effizienz zu steigern, und außerdem dazu, Grenzen niederzureißen und den Individuen private Räume und Freizeit zu verweigern. Im schnellen Kapitalismus sind diese zwei Merkmale aufs engste miteinander verbunden, da die Technologie und die Ware Zeit und Raum kolonialisieren.[14]

Die Technologie des Internets verschmilzt zwei zentrale kulturelle Logiken oder Arten, das Selbst auf den Plan zu rufen: die der Psychologie und die des Konsumismus. Indem es die Logik des Konsumismus und der Psychologie benutzt und sich auf sie stützt, radikalisiert das Internet die Forderung, für sich selbst das beste (ökonomische und psychologische) Geschäft zu machen. Genauer, die psychologischen Kategorien finden Verwendung, um die romantischen Begegnungen in die konsumistische Logik der zunehmenden Spezifizierung, Definition und Verfeinerung des Geschmacks zu integrieren. Der Konsumismus wird herangezogen, um die Qualität des (romantischen) Geschäfts zu verbessern. So heißt es in einem Ratgeber zur Online-Partnersuche: »Je mehr Erfahrung du hast, desto genauer ist dein Geschmack und desto weniger Leute wirst du berücksichtigen.« Beispielhaft ist hier wieder Artemis: »Ich suche nach jemanden, nach etwas, das nicht existiert, aber sehr spezifisch ist. Es muß ein brillanter Mensch sein, vor allem

14 Ben Agger, *Speeding Up Fast Capitalism. Cultures, Jobs, Families, Schools, Bodies*, Boulder 2004.

im Feld der Wissenschaft. Und ein komplexer Mensch, was ich an seinen Karten erkennen kann, aber auch beim Chatten. Sie müssen sich beim Schreiben beweisen.« In Übereinstimmung mit der Logik der Konsumkultur ermöglicht und ermutigt die Technologie eine zunehmende Spezifikation und Verfeinerung des Geschmacks. Anders als Bedürfnisse, die feststehen, ist die Verfeinerung des Geschmacks an sich instabil; noch das beste Essen kann schließlich übertroffen werden. Im Bereich der Partnersuche hat der Prozeß der Verfeinerung eine wichtige Implikation: Die Suche nach dem anderen wird an sich instabil; etwas zu verfeinern heißt ja, nach Wegen der Verbesserung der eigenen Marktposition zu suchen.

Ich will hier zwei Beispiele anführen. Zunächst Bruce, einen 41jährigen Software-Spezialisten aus New York:

– Wenn du dir Profile ansiehst, die dich interessieren könnten, wie genau entscheidest du dann, mit jemanden Kontakt aufzunehmen? Nehmen wir an, daß eine Frau, deren Profil du aufrufst, gut aussieht, aber nicht genau den Beruf oder die Ausbildung hat, die dir gefallen würde. Nimmst du Kontakt zu ihr auf?

Nein. Wie ich schon sage, man hat soviel Auswahl, unendliche Auswahl, da ..., na ja, ..., warum sich darum kümmern? Ich nehme nur zu denen Kontakt auf, die exakt dem entsprechen, was ich will.

Mein zweites Beispiel ist Avi, ein 27jähriger Israeli, Programmierer von Beruf, der seit einigen Jahren im Netz ist, allerdings, nachdem er es einige Monate lang sehr intensiv genutzt hatte, zunehmend Enttäuschung verspürt. Für ihn ist problematisch am Internet, daß man den starken Wunsch nach jemanden entwickelt, der, wie er sich ausdrückt, »eine Liga höher spielt«, der also mehr wert ist als man selbst. Die Leute wollen sich nicht mit jemandem arrangieren, der ihnen vergleichbar ist. Weil sie so viele Leute betrachten können, die in einer höheren Liga spielen, und weil ihnen das Internet vorgaukelt, sie wären erreichbar, begehren sie diese Menschen und nicht die, die sie tatsächlich erreichen können. Avi fügt hinzu, daß es ihm ganz automatisch verdächtig vorkommt und sein Interesse und Begehren schwindet, wenn eine Frau etwas von ihm will, denn er schließt, daß er dann über ihrer Liga spielt. Mit anderen Worten, Avi legt nahe, daß die Leute nach dem besten Geschäft suchen und dabei ihren Geschmack verfeinern; deswegen verweigern sie sich einem Handel, den sie ihrer Meinung nach immer noch verbessern können. Das Internet ermöglicht aus einem schlichten Grund diese Art des Geschäftemachens auf nie dagewesene Weise: Es versetzt einen in die Lage, den Markt potentieller Partner zu visualisieren. Während der Partnermarkt in der realen Welt virtuell bleibt – man sieht nicht, vermutet nur, alles bleibt latent –, ist der Markt im Netz nicht virtuell, sondern real und buchstäblich, denn die Nutzer des Internets können den Markt potentieller Partner de facto visualisieren.

Interessanterweise bleibt dabei die Tatsache, daß die Begegnungen im Internet zu ökonomischen Transaktionen werden, den meisten Nutzern nicht verborgen. Ja, ökonomische Metaphern und Analogien sind ungemein verbreitet, wenn man sich nach einer Interaktion im Internet offline trifft. Fast alle meiner Interviewpartner, sowohl in Israel als auch in den USA, haben erwähnt, daß ein Treffen von ihnen verlangt, sich »zu vermarkten« und sich zu verhalten, als ginge es um ein Jobinterview, in dem sie abwechselnd Interviewer sind und interviewt werden. Nehmen wir Galia:

– Haben Sie schon einmal eine Online-Partnersuche betrieben?

Leider ja.

– Klingt, als hätten Sie es nicht sonderlich gemocht.

Nein, nein, es ist nicht die Seite, es ist das Treffen, das ich nicht ausstehen kann. Schauen Sie, ich bin sehr gesellig und extrovertiert. Es macht mir überhaupt nichts aus, mit Leuten zu reden. Aber hier mußt du wirklich eine Art Verkaufsgespräch führen, du mußt dich von deiner besten Seite präsentieren und mußt schnell interviewen, um herauszufinden, wie er ist. Du mußt dich auf bestmögliche Weise verkaufen, ohne wirklich zu wissen, wer die Person ist, ohne zu wissen, wer dein Zielpublikum ist.

– Was meinen Sie mit »Verkaufsgespräch«?

Im Grunde mußt du dich verkaufen. Ich habe kein Problem damit, aber du mußt dich doch darauf einstellen, daß es das ist. Denn die einzige Absicht des Gesprächs ist »Wollen wir uns weiter sehen?« Als Paar.

– Wie verkaufen Sie sich?

Ich bin im Grunde eine offene Person. Aber bei diesen Treffen lächle ich häufig und bin sehr, sehr nett. Ich äußere keine extremen Meinungen, obgleich meine Meinungen extrem sind und ich ein Extremist bin.

– Warum gefällt Ihnen der Vorgang nicht?

Ich denke, mir ist eine wesentliche Komponente der ganzen Sache entgangen. Ich mag dieses Treffen, diese ganzen Treffen nicht. In 99 Prozent der Fälle gefalle ich mir nicht. Ich tue es, weil ich wirklich jemanden treffen will und weil ich keine Lust mehr auf Alleinsein habe. Es ermüdet mich aber auch, so viele Leute zu treffen, die gleichen Witze zu erzählen, die gleichen Fragen zu stellen, das gemalte Lächeln auf meinem Gesicht.

Hier gibt es etwas Neues. Das Internet strukturiert die Suche nach einem Partner buchstäblich als einen Markt oder, genauer, es formalisiert die Suche nach einem Partner im Sinne einer ökonomischen Transaktion. Es verwandelt das Selbst in ein verpacktes Produkt, das mit anderen auf einem offenen Markt konkurriert, der nur durch das Gesetz von Angebot und Nachfrage reguliert wird. Es macht aus Begegnungen das Ergebnis mehr oder weniger stabiler Präferenzen; es belastet den Prozeß der Suche mit dem Problem der Effizienz; aus den Begegnungen werden Marktlücken; aus den Profilen (also aus den Personen) werden (mehr oder weniger) feste ökonomische Werte, so daß sich die Personen um ihren Wert in einem derart strukturierten Markt sorgen und sich um eine Verbesserung ihrer Position bemühen. Und schließlich entwickeln die Individuen ein ausgeprägtes Bewußtsein für die Kosten-Nutzen-Seite ihrer Suche, sowohl im Sinne von Zeit als auch in dem Sinne, daß sie die Attribute der gefundenen Person maximieren wollen. Diese Eigenschaften der Suche werden von meinen Interviewpartnern klar, wenn auch nicht immer sehr artikuliert empfunden. Ja, es dürfte aufgefallen sein, daß die meisten der von mir zitierten Interviews eine Kombination aus Müdigkeit und Zynismus aufweisen, ein Zynismus, der auch in anderen Interviews vorherrschte. In Anlehnung an eine Überlegung des Philosophen Stanley Cavell möchte ich sagen, daß der Ton sehr wichtig ist, da er auf die allgemeine emotionale Verfassung der Erfahrung verweist. Dieser Zynismus impliziert eine radikale Abkehr von der traditionellen Kultur der Romantik und entspringt der Routinenbildung, die durch die bloße Masse an Begegnungen und durch die Marktstruktur und Marktkultur ausgelöst wird, die kennzeichnend für die Partnersuchdienste im Internet sind. Der Zynismus ist eine besondere Gefühlsstruktur, die besonders in spätkapitalistischen Gesellschaften aus einer Eigenschaft des Bewußtseins und des Handelns hervorgeht. Ich denke, daß Adorno diesen Zynismus im Sinn hatte, als er skizzierte, wie sich die Konsumenten in den Gesellschaften der Gegenwart auch dann noch genötigt fühlen, Produkte der Werbung zu kaufen und benutzen, wenn sie sie durchschauen. Durchschauen und Gehorchen, so Adorno, das ist die dominante Art im Umgang mit Konsumgütern in spätkapitalistischen Gesellschaften. Der Zynismus ist der Ton, den man benutzt, wenn man etwas durchschaut und sich trotzdem genötigt fühlt, die gleiche Sache wieder und wieder zu tun. Dieser Zwang, etwas zu tun, obwohl man es durchschaut, zeigt, mit Žižek gesprochen: »Die Illusion ist nicht auf der Seite des Wissens, sie ist schon auf der Seite der Realität selbst, auf der Seite dessen, was Menschen tun.«[15]

Wir haben hier also einen radikalen Bruch mit der Kultur der Liebe und Romantik, die einen Großteil des 19. und 20. Jahrhunderts geprägt hat. In ihrer Studie über die kulturellen Kategorien, mit deren Hilfe die Menschen die Figur der »Liebe auf den ersten Blick« deuten, bemerken Schurmans und Dominice (auf der Basis von 150 Tiefeninterviews), daß die Erfahrung des »coup de foudre«, der Liebe auf den er-

15 Slavoj Žižek, *The Sublime Object of Ideology*, London 1989, S. 32.

sten Blick, eine Reihe wiederkehrender Elemente enthält:[16] Man erfährt ihn als ein einzigartiges Ereignis, das plötzlich und unerwartet in das eigene Leben einbricht; er ist unerklärbar und irrational; er setzt unmittelbar nach der ersten Begegnung ein und beruht deswegen, wie ich hinzufügen möchte, nicht auf irgendeiner kognitiven, kumulativen Kenntnis der anderen Person; er stört das alltägliche Leben und wirkt wie eine tiefe Bewegtheit auf die Seele ein; die Metaphern, in die er gekleidet wird, sind die der Hitze, des Magneten, des Donners sowie der Elektrizität und verweisen damit alle auf eine überwältigende, niederzwingende Macht. Das Internet, so meine Vermutung, bricht radikal mit dieser Tradition der Liebe.

Ließ sich die romantische Liebe als eine Ideologie der Spontaneität charakterisieren, verlangt das Internet erstens einen rationalisierten Modus der Partnerwahl, was der Vorstellung von Liebe als einer unerwarteten Epiphanie widerspricht, die gegen den eigenen Willen und gegen die eigene Vernunft ins Leben einbricht. Zweitens beruht das Internet, wo die traditionelle romantische Liebe – im Normalfall ausgelöst durch die Anwesenheit zweier physisch-materieller Körper – aufs engste mit sexueller Anziehung verbunden war, auf einer entkörperlichten textuellen Interaktion. Deswegen gewinnt im Internet die rationale Suche sowohl zeitlich als auch der Art nach das Übergewicht gegenüber der traditionellen physischen Anziehung. Drittens setzt romantische Liebe Interesselosigkeit voraus, das heißt eine totale Trennung der Sphäre instrumenteller Aktivität von der Sphäre der Empfindungen und Emotionen. Die Technologie des Internets vergrößert die Instrumentalisierung romantischer Interaktionen, indem sie einen Prämie auf den »Wert«, den die Individuen sich selbst und anderen im Rahmen eines strukturierten Marktes zubilligen, ausschreibt. Daß die Liebe irrational war, hieß, daß man keiner kognitiven oder

16 Marie-Noëlle Schurmans und Loraine Dominicé, *Le coup de foudre amoureux. Essai de sociologie compréhensive*, Paris 1997.

empirischen Kenntnisse bedurfte, um zu wissen: Das ist er! Das Internet dagegen läßt die kognitiven Kenntnisse über einen anderen zeitlich und der Wichtigkeit nach den Empfindungen vorausgehen. Und schließlich war die Idee der romantischen Liebe häufig von der Vorstellung der Einzigartigkeit der geliebten Person begleitet. Exklusivität ist wesentlich für die Ökonomie der Knappheit, die für die romantische Leidenschaft maßgeblich war. Wenn das Internet andererseits einen Geist hat, dann den der Fülle und Auswechselbarkeit. Der Grund liegt darin, daß die Partnersuche im Internet den Bereich romantischer Begegnungen mit den auf einer Ökonomie der Fülle, der endlosen Wahlfreiheit, der Effizienz, der Rationalisierung, der selektiven Auswahl und der Standardisierung basierenden Prinzipien des Massenkonsums vertraut gemacht hat.

So läßt sich zweifelsfrei sagen, daß wir einer wesentlichen Wandlung der romantischen Sensibilität beiwohnen. Ja, es scheint hier sogar einen qualitativen Sprung mit Blick auf die Situation zu geben, die ich in *Der Konsum der Liebe* beschrieben habe. In diesem Buch ging es um eine Situation, in der der Konsumkapitalismus die zentralen Erfahrungen der romantischen Liebe eher verstärkt als zerstört hat. Die Sehnsucht nach »Spaß«, der Wunsch, mit neuen Formen sexueller Freiheit zu experimentieren, die Suche nach emotionaler Intimität – all das war so weit mit Elementen der Freizeitindustrie verwoben, daß es schwierig wurde, die romantischen Gefühle von Konsumerfahrungen zu trennen. Gerade weil das so war, konnte man nicht einfach davon ausgehen, daß die Sphäre der Waren die der Empfindungen degradierte. Die hier beschriebene Situation ist qualitativ anders. Die romantischen Beziehungen werden nicht nur im Rahmen von Märkten organisiert, sie sind selbst zu Fließbandprodukten geworden, bestimmt zu schnellem, effizientem, billigem und reichlichem Konsum. Als Konsequenz daraus wird das Vokabular der Emotionen mittlerweile fast allein vom Markt diktiert.

In gewisser Weise sieht es so aus, als hätten die Architekten der Partnersuche im Internet die düsteren Diagnosen von Kritischen Theoretikern wie Adorno und Horkheimer bis aufs Wort umgesetzt. Rationalisierung, Instrumentalisierung, totale Administration, Verdinglichung, Fetischisierung, Kommodifizierung, das Heideggersche Gestell – all das scheint einem aus den von mir gesammelten Daten entgegenzuspringen. Das Internet scheint den Prozeß der Rationalisierung der Emotionen und der Liebe auf ein von den Kritischen Theoretikern nie erträumtes Niveau zu heben.

Und doch möchte ich dieser Deutung widerstehen, so attraktiv sie auch sein mag. Ich möchte dem widerstehen, was ich das Paradigma der »reinen Kritik« nenne. Ich werde mich dabei, man möge mir das verzeihen, auf Überlegungen stützen, die ich schon in meinem Buch *Oprah Winfrey and the Glamour of Misery* angestellt habe. Da ich keinen Grund fand, diese Überlegungen zu modifizieren, werde ich auch die Formulierungen übernehmen.[17]

Die traditionelle Kritik, wie man sie vor allem in den Kulturwissenschaften beobachten kann, läßt sich durch das charakterisieren, was ich eine Sehnsucht nach Reinheit nennen möchte. Der Grund, warum viele Kulturkritiker der Kultur Relevanz zusprechen, hat damit zu tun, daß sie in ihr einen Bereich sehen, in dem wir Ideale des Schönen, der Moral und der Politik artikulieren können (und sollen).

Die reine Kritik subsumiert Kultur der politischen Sphäre, was dazu führt, daß sie sich in großem Maße nur noch damit beschäftigt, die vielen Arten zu zählen, in denen Kultur emanzipiert oder unterdrückt, in denen sie »Wertloses« oder »Wertvolles« produziert. Diese Position aber droht unsere Kulturanalysen zu verflachen, weil Kritik, um es in den präzisen Worten Barbara Johnsons zu sagen, Raum lassen sollte »für eine Überraschung; [...] jemand oder et-

17 Die folgenden Passagen über Kritik folgen dem achten Kapitel meines Buchs *Oprah Winfrey and the Glamour of Misery* (a.a.O.) oder zitieren direkt daraus.

was sollte dich überraschen und sagen ›Tritt beiseite, ich will sprechen‹«.[18] Damit kulturelle Texte oder Praktiken uns überraschen können, müssen wir aufhören, sie auf ihr Vermögen (oder Unvermögen) zu reduzieren, einen klaren politischen oder moralischen Standpunkt zur Welt einzunehmen.

Der zweite Nachteil der reinen Kritik ist, daß sie im Normalfall nichts weniger verlangt als einen *totalen* Standpunkt; behaupte ich, eine kulturelle Praxis (Fernsehen, Internet etc.) laufe beispielsweise dem Interesse von Minderheiten oder Frauen entgegen, dann hängt diese Behauptung am Standpunkt der ökonomischen, politischen oder häuslichen sozialen Sphäre. Mit anderen Worten, diese Kritik ist möglich, weil sie annimmt, daß eine Sphäre (die kulturelle) die anderen sozialen Sphären (die ökonomische, politische, häusliche) sowohl widerspiegelt als auch formt und funktional sowie dialektisch unter Bezug auf eine strukturell tiefer liegende soziale Logik mit ihnen verbunden ist. Die Annahme, wonach die Kultur vom Standpunkt aller sozialen Sphären aus analysiert werden sollte und daß sie sich zur Gesellschaft verhält wie der Teil zum Ganzen, diese Annahme bildet einen der Eckpfeiler der Kritischen Theorie.

Demgegenüber möchte ich vorschlagen, daß es keine direkte Kontinuität zwischen den sozialen Sphären gibt und daß sie sich auch nicht notwendigerweise wechselseitig spiegeln. Folglich können wir nicht a priori wissen, wie sich Symbole und Werte in den sozialen, politischen und ökonomischen Sphären »verhalten« werden. Der Grund hierfür hängt wiederum mit dem berühmten Problem unintendierter Handlungsfolgen zusammen, das Max Weber auf so brillante Weise untersucht hat: Handlungsprinzipien, Ideen und Werte, die in einer Sphäre entstehen (etwa in der religiösen), können in einer anderen Sphäre (etwa der ökono-

18 Imre Salusinszky (Hg.), *Criticism in Society. Interviews with Jacques Derrida*, New York 1987, S. 159.

mischen) etwas auslösen, das von den ursprünglichen Absichten weit entfernt ist. Um es einfacher zu sagen: Was in der einen Sphäre (der ökonomischen) Rückschritte bedingt, kann in einer anderen Sphäre (der kulturellen) Fortschritt bedeuten und umgekehrt.[19]

Ein drittes Problem der Verankerung von Kulturanalyse in politischer Kritik hat mit Sprache zu tun; in dem Maße, in dem Kultur und Politik Sprache unterschiedlich verwenden, werden sie unausweichlich miteinander kollidieren. Ein Politiker muß Sprache referentiell verwenden, indem er auf einen Praxisbereich verweist, in dem Straßen gebaut und Kriege ausgetragen werden; ferner ist er aufgefordert, eine klare Haltung zur »Realität« einzunehmen (ein Politiker muß beispielsweise klar sagen, ob er für Steuererhöhungen oder Steuersenkungen ist). Andererseits lassen sich Gedichte oder Filme weder dazu bringen, auf Realität zu verweisen, noch können sie für ihre Verzerrung zur Verantwortung gezogen werden. Mehr noch, Gedichte oder Filme können genau das tun, das heißt, sie können gleichzeitig einander widersprechende Dinge vertreten (sie können etwa Individualismus und Gemeinschaft, Liebe und Pflicht gleichzeitig anpreisen etc.), ohne für das Brechen von Kommunikationsnormen zur Verantwortung gezogen zu werden.

Darüber hinaus sind Politiker aufgefordert, die Wahrheit zu sagen und gültige Behauptungen aufzustellen (natürlich können sie lügen oder sich irren, aber wenn sie das tun, ist es immer möglich, sie zur Verantwortung zu ziehen); Gedichte und Filme dagegen sind für Wahrhaftigkeit undurchlässig. Wir können einen Film dafür kritisieren, zu realistisch oder

19 Um nur ein Beispiel zu geben: Um die Wende vom 19. zum 20. Jahrhundert glaubten die Kapitalisten, wachsende Konsumwünsche nicht befriedigen zu können. Deswegen stellten sie Frauen zu Löhnen ein, die deutlich unter denen der Männer lagen. Diese krasse ökonomische Ungleichheit erwies sich bald schon als wichtiger Impuls für die feministische Bewegung. Vgl. Eric Hobsbawm, *The Age of Empire, 1875-1914*, Kapitel 8, London 1987 (dt. *Das imperiale Zeitalter, 1875-1914*, Frankfurt/M. 1989).

zu wenig realistisch zu sein, aber es wäre kaum sinnvoll, einen Film oder einen Roman der »Lüge« zu zeihen oder den Vorwurf zu erheben, sie hätten kein Verständnis für das Phänomen der Inflation oder das der Arbeitslosigkeit. Und so kann man auch nicht so einfach, wie man manchmal meint, politische Kriterien heranziehen, um die Populärkultur zu bewerten, und zwar aus dem einfachen Grund, daß populäre Texte häufig auf bewußte und durchaus beabsichtigte Weise vieldeutig, ironisch, reflexiv, selbstwidersprüchlich und paradox sind. All das sind sowohl Eigenschaften des Fernsehens als auch anderer kultureller Erzeugnisse, die damit ebenfalls über das Feld eines zumindest traditionellen Verständnisses von Politik hinausgehen.[20] Es ist zwar unbestreitbar, daß Kultur eine Ausweitung unserer sozialen Beziehungen ist – mit ihren systematischen Auslassungen, Schließungen und Oppositionen –, aber sie kann nicht gänzlich unter das Politische subsumiert oder von ihm eingefaßt werden.

Es gibt noch ein letztes Problem mit der Unterordnung der Kultur unter das Politische. Dieses Problem hängt mit der Tatsache zusammen, daß der Kritiker durch die Unterordnung häufig dazu verurteilt ist, eine olympische Distanz einzunehmen, ein Sachverhalt, der zunehmend unhaltbar wird, da wir in einer Zeit leben, in der die kulturelle Demokratie allenthalben auf dem Vormarsch ist. Adornos Ablehnung des Jazz ist nur eines der berühmtesten Beispiele einer derart radikalen (und falschen) Ablösung von jenen konkreten Erfahrungen und Bedeutungen, aus denen Kultur entspringt. Die Kritik ist am stärksten, wenn sie sich von olympischer Reinheit entfernt und einem tiefen Verständnis der konkreten kulturellen Praktiken gewöhnlicher Akteure verhaftet

20 Ich beziehe mich hier auf Martha Nussbaums Auseinandersetzung mit McKinnon und Dworkin in ihrem Aufsatz »Objectification«, in: dies., *Sex and Social Justice*, New York 1999 (dt. »Verdinglichung«, in: dies., *Konstruktionen der Liebe, des Begehrens und der Fürsorge. Drei philosophische Aufsätze*, Stuttgart 2002).

bleibt. Das impliziert unvermeidlich einen »Kompromiß« mit der erwähnten Reinheit. Aber dieser »Kompromiß« ist in der Ära des späten Kapitalismus um so nötiger, je stärker der Kritiker der zeitgenössischen Kultur, ob nun freiwillig oder zwangsweise, dazu verurteilt ist, sich genau in der kommodifizierten Arena zu verorten, der seine Kritik gilt. Anders als der Intellektuelle des 19. Jahrhunderts, der den Kapitalismus kritisieren und doch »irgendwo« anders außerhalb seiner Reichweite bleiben konnte, gibt es gegenwärtig nur wenige Kritiker, die außerhalb des Einflußbereichs kapitalistischer Institutionen und Organisationen stehen. Damit soll nicht gesagt sein, wir sollten die Dominanz des Kapitalismus über alle anderen Sphären klaglos akzeptieren. Impliziert ist aber doch, daß wir Interpretationsstrategien entwickeln, die so gewieft sind wie die Kräfte des Marktes, denen wir uns entgegenstellen wollen. Einflußreich ist eine Kritik, die einer genauen Kenntnis ihres Gegenstands entspringt.

Es geht mir also auf keinen Fall darum, die Kritik fortzuwerfen, sondern darum, eine Kritik zu entwerfen, die nicht darauf hinausläuft, die »vielen Arten zu zählen«, in denen Kultur eine gegebene politische Agenda (Gleichheit, Emanzipation oder Sichtbarkeit) unterstützt (oder nicht unterstützt).

Mir scheint, dieser Vorschlag stimmt durchaus mit den Zielen der Kritischen Theorie überein, deren Methode, so David Held, die immanente Kritik ist, »die mit den begrifflichen Prinzipien und Standards eines Gegenstands anhebt und deren Konsequenzen und Implikationen ausbuchstabiert«. Die Kritik kommt sozusagen »von innen und hofft, so dem Vorwurf auszuweichen, ihre Konzepte würden dem Objekt irrelevante Kriterien auferlegen«.[21] Unglücklicherweise ist ein solches Verständnis der Kritischen Theorie nicht immer maßgeblich gewesen; ja, Adorno selbst scheint es nicht immer angewendet zu haben.

21 David Held, *Introduction to Critical Theory. Horkheimer to Habermas*, Berkeley 1980, S. 183 f.

Ein Modell »immanenter Kritik« ist am besten von dem politischen Philosophen Michael Walzer entwickelt worden, der in seinem anregenden Buch *Sphären der Gerechtigkeit* behauptet, daß wir unterschiedliche Prinzipien der Gerechtigkeit auf unterschiedliche soziale Sphären (etwa die Familie oder den Markt) anwenden sollen.[22] Das liegt daran, daß jede Sphäre unterschiedliche Arten von Gütern enthält (etwa Liebe oder Geld), die je unterschiedlich verteilt werden müssen. So hat Walzer in einflußreicher Weise für unterschiedliche »Sphären« der Gerechtigkeit plädiert, also für die Idee, daß unterschiedliche soziale Sphären von unterschiedlichen Prinzipien getragen werden, die definieren, was in den jeweiligen Sphären wertvoll ist und wie die zur Erlangung der relevanten Güter nötigen Ressourcen gleichmäßig verteilt werden können. In zwei späteren Büchern, *Zweifel und Einmischung* sowie *Kritik und Gemeinsinn*, hat Walzer das Argument aus *Sphären der Gerechtigkeit* auf die Aktivität der Kritik ausgeweitet und sich dafür ausgesprochen, daß der Kritiker der Kultur, um eine kulturelle Praxis zu kritisieren, die moralischen Kriterien heranziehen sollte, die innerhalb der kritisierten Gemeinschaft (oder sozialen Sphäre) virulent sind.[23] Mit anderen Worten, Walzer legt nahe, daß die moralische Beurteilung des Kritikers aufs engste mit den evaluativen und moralischen Kriterien des kritisierten Gegenstands verwoben sein sollte. In ähnlicher Weise will auch ich dafür plädieren, Bewertungskriterien zu entwickeln, die so dicht wie möglich an den Traditionen, Kriterien und Bedeutungen des analysierten

22 Michael Walzer, *Spheres of Justice*, a.a.O. (dt. *Sphären der Gerechtigkeit*, a.a.O.).

23 Michael Walzer, *The Company of Critics. Social Criticism and Political Commitment in the Twentieth Century*, New York 1988 (dt. *Zweifel und Einmischung. Gesellschaftskritik im 20. Jahrhundert*, Frankfurt/M. 1991); Michael Walzer, *Interpretation and Social Criticism*, Cambridge/Mass. 1987 (dt. *Kritik und Gemeinsinn*, Hamburg 1990).

Gegenstandes dran sind.[24] Ich schlage vor, diesen Zugang zu sozialen Praktiken »unreine Kritik« zu nennen, ein Kritiktyp, der versucht, auf dem schmalen Grat zwischen jenen Praktiken zu wandeln, die die Wünsche und Bedürfnisse der Subjekte bedienen – wie geschmacklos sie uns auch erscheinen mögen –, und jenen Praktiken, die diese Subjekte eindeutig daran hindern, ihre Ziele zu erreichen. In gewisser Weise erinnert mein Zugang an die Methodologie von Latour und Callon: So wie wir nach ihrer Vorstellung konkurrierende wissenschaftliche Theorien so analysieren sollten, als wüßten wir nicht, wer gewonnen und verloren hat, so schlage ich vor, das Soziale ohne die Vorgabe zu analysieren, im voraus Kenntnis von den emanzipatorischen und den repressiven Kräfte zu haben; diese Kenntnis erlangen wir vielmehr erst im Durchgang durch ein dichtes kontextuelles Verständnis einer sozialen Praxis.

Phantasie und Enttäuschung

So soll meine Kritik mit dem Hauptproblem beginnen, das sich den Antworten auf meine Fragen und den Ratgeberbüchern zur Partnersuche im Internet entnehmen läßt: dem Problem der Enttäuschung. Trotz der großen Auswahl, die die Partnersuchseiten im Internet bieten, berichteten die meisten Interviewpartner von einem wiederholten Gefühl der Enttäuschung. Folgendes Szenario taucht in vielen Beschreibungen auf: Man schaut sich die Liste potentieller Partner an (oder man erhält eine E-Mail von jemanden); auf der Grundlage des Photos und des Profils entscheidet man sich, eine Korrespondenz via E-Mail anzufangen. Geht alles gut, fängt man häufig an, Phantasien über den möglichen Partner zu entwickeln. Diese Gefühle führen zu einem Telefongespräch. Viele, wenn nicht sogar alle Inter-

24 Martha Nussbaum, *Cultivating Humanity. A Classical Defense of Reform in Liberal Education*, Cambridge/Mass. 1997.

viewpartner geben an, starke Gefühle für die Person zu entwickeln, wenn ihnen die Stimme am Telefon gefällt, was dafür spricht, daß sich die Vorstellungskraft in ihrem Vermögen, Emotionen zu generieren, selbst erhalten kann.

Läuft das Telefongespräch gut, kommt es zu einer Begegnung, und genau dann erleben die meisten eine große Enttäuschung. Das Problem ist so verbreitet, daß ein Ratgeber eigens einen Abschnitt mit dem Titel »Wie man sich auf den Photo-Schock vorbereitet« aufgenommen hat. Der Abschnitt hebt mit den folgenden Worten an: »Wenn du glaubst, der Stimmen-Schock sei schlimm, warte erst, bis du den Photo-Schock erlebst. So gut wie niemand sieht aus wie sein Bild. [...] Selbst wenn die Seite einen Videofilm zum Anschauen parat hält, wirst du überrascht sein.«[25] Der nächste Abschnitt trägt sogar den Titel »Wie im Falle schlimmster Enttäuschung zu handeln ist«.[26]

Eine banale Erklärung für dieses Phänomen besagt, daß wir es hier mit dem Ergebnis einer aufgeblasenen Präsentation des Selbst zu tun haben oder mit dem Unterschied zwischen den unvernünftig hohen eigenen Erwartungen und einer notwendig begrenzten Realität. Die Technologie des Internets würde dann eine Erfahrungsdimension verschärfen, die man für spezifisch modern gehalten hat, nämlich das Auseinanderklaffen von eigenen Erwartungen und eigenen Erfahrungen. Koselleck sah die Moderne sogar durch eine wachsende Distanz zwischen Realität und Streben charakterisiert.[27] Ich denke aber, daß diese Thesen nur

25 Silverstein und Lasky, *Online Dating for Dummies*, a.a.O., S. 227.

26 Ebd.

27 Reinhart Koselleck, »›Erfahrungsraum‹ und ›Erwartungshorizont‹ – zwei historische Kategorien«, in: ders., *Vergangene Zukunft. Zur Semantik geschichtlicher Zeiten*, Frankfurt/M. 1979: »Meine These lautet, daß sich in der Neuzeit die Differenz zwischen Erfahrung und Erwartung zunehmend vergrößert, genauer, daß sich die Neuzeit erst als eine neue Zeit begreifen läßt, seitdem sich die Erwartungen immer mehr von allen bis dahin gemachten Erfahrungen entfernt haben« (S. 359).

unzureichend analysiert und verstanden worden sind. Was genau soll es denn heißen, wenn man sagt, die moderne Kultur schaffe unrealistische Erwartungen? Wie tut sie das? Und warum müssen die Erwartungen enttäuscht werden? Welche Beziehung muß das Reale zur Phantasie einnehmen, damit es auf so durchdringende Weise enttäuschen kann?

Ich gehe davon aus, daß die Vorstellungskraft oder die kulturelle und institutionelle Verwendung der Phantasie keine abstrakten, universalen Aktivitäten des Geistes sind. Sie sind vielmehr eine kulturelle Form, die ihrerseits analysiert werden muß. In seinem berühmten Buch *Die Erfindung der Nation* kommt Benedict Anderson diesem Vorschlag sehr nahe, wenn es heißt, die Arten der Erfindung von Nationen unterschieden sich nicht entlang der Linie wahr oder falsch, sondern entlang der Linie ihres jeweiligen Stils. In ähnlicher Weise verfügen die Tagträumereien und Phantasien, zu denen das Internet anregt und die es auslöst, über einen besonderen Stil, der zu beleuchten sein wird.

Ich gehe davon aus, daß der Stil der Vorstellungen und der Phantasien, die durch Partnersuchdienste im Internet zur Geltung kommen, im Kontext einer Technologie verstanden werden muß, die Begegnungen entkörperlicht, um ganz und gar psychologische Ereignisse aus ihnen zu machen, und Subjektivität textualisiert. Um diesen Stil und seine Verbindung zur Entkörperlichung zu entschlüsseln, will ich zunächst e contrario vorgehen, indem ich analysiere, was passiert, wenn ich jemanden von Angesicht zu Angesicht, von Körper zu Körper begegne.

Goffman nimmt an, daß zwei Individuen, wenn sie sich begegnen, zwei Typen von Information austauschen: den einen geben sie bewußt von sich, den anderen gleichsam unbewußt. Goffman nimmt weiter an, daß es in einer realen Begegnung eher die unbewußt vermittelten Informationen sind als die bewußten, die wesentlich sind. Die Informationen, die sie unbewußt von sich geben, sozusagen trotz ihres besten Selbst, hängt sehr stark von der Art ab, in der sie ihren Körper benutzen (Stimme, Augen, Körperhaltung etc.), so daß wir in vielen unserer Interaktionen zwischen bewußt Kontrolliertem und Nichtkontrolliertem verhandeln. Mit anderen Worten, wenn es in körperlichen Interaktionen eine gewisse Kluft gibt zwischen dem, was wir sagen, zwischen der Art, in der wir uns präsentieren wollen, und dem, was wir nicht unter Kontrolle haben, dann wird es für uns schwieriger, in Worten zu beschreiben, was uns an uns am wichtigsten ist, da in konkreten Begegnungen sehr wahrscheinlich genau das großen Eindruck auf andere machen wird, was uns entgeht. Michele zum Beispiel, eine junge Frau, die in einer großen Firma arbeitet, beschreibt eine ihrer durch das Internet vermittelten Begegnungen so:

Da war dieser Typ, zu dem ich eine Zeitlang Kontakt hatte, ehe wir uns dann entschlossen haben, uns zu treffen. Ich kam in dem Café an und wir schüttelten uns die Hände, doch da wußte ich sofort: Das ist es nicht!

– Sie wußten das sofort?

Ja, sofort.

– Aber wie?

Durch die Art, in der er meine Hand schüttelte. Da war etwas Softes, Laues, etwas, was mir wirklich nicht gefällt.

Diese Frau interpretiert die Persönlichkeit des Mannes metonymisch, mit Hilfe einer kleinen körperlichen Geste – wie er ihre Hand schüttelt –, über die er sich kaum im klaren gewesen sein kann. Weiter erhellt wird dieser Sachverhalt durch die Arbeit des Kognitionspsychologen Tim Wilson, der das nicht-bewußte Selbst untersucht hat, das vom Freudschen Unbewußten unterschieden werden muß. So schreibt Wilson, es sei zunehmend unbestritten, »daß das konstruierte Selbst der Menschen ihrem nicht-bewußten Selbst nur wenig entspricht«.[28] Das nicht-bewußte Selbst

28 Timothy D. Wilson, *Strangers to Ourselves. Discovering the Adaptive Unconscious*, Cambridge/Mass. 2002, S. 73.

besteht aus den automatischen Reaktionen auf die Welt, von denen wir wenig Kenntnis besitzen und die wir kaum kontrollieren können. Das aber bedeutet, daß die Menschen sich wahrscheinlich nicht gut kennen und nicht gut kennen können, daß sie auch nicht wissen, welche Personen ihnen welche Gefühle vermitteln. Wir scheinen schlicht schlecht darin zu sein, so Wilson, unsere emotionalen Zustände zu verstehen und vorherzusagen. Ich würde nur hinzufügen, daß wir schlecht darin sind, *obwohl* wir so viel psychologisches Wissen über uns angehäuft haben.

Goffman nimmt darüber hinaus an, daß die Einzelnen in Situationen gemeinsamer physischer Präsenz »deutlich das Gefühl haben [müssen], daß sie einander nahe genug sind, um sich gegenseitig wahrzunehmen bei allem, was sie tun, einschließlich ihrer Erfahrung der anderen, und nahe genug auch, um wahrgenommen zu werden als solche, die fühlen, daß sie wahrgenommen werden«.[29] Das bedeutet, daß Interaktion ein subtiler Prozeß der Anpassung des von uns Gesagten oder unseres Verhaltens an die wahrgenommene Präsenz eines anderen ist.

Aus dieser gemeinsamen Präsenz entspringt eine besondere Form der Gegenseitigkeit. Goffman bezieht sich hier auf eine Form der praktischen Kenntnis von Sozialität, die sich inkompatibel zu einer kognitiven Kenntnis verhält. Das Internet stört die halb-bewußten Anpassungsprozesse, die wir in konkreten Interaktionen durchführen, indem es einer kognitiven, textbasierten Kenntnis den Vorrang gibt. Ich will hiervon ein Beispiel geben. Der Autor eines Ratgeberbuchs zur Partnersuche im Internet erinnert sich daran, daß er einmal eine Kundin hatte, Helen, die ihm »von einem Mann berichtete, der an ihr im realen Leben interessiert war. Daraufhin überprüfte sie sein Profil und fand heraus,

29 Erving Goffman, *Behavior in Public Places. Notes on the Social Organizsation of Gatherings*, New York 1963, S. 17 (dt. *Verhalten in sozialen Situationen. Strukturen und Regeln der Interaktion im öffentlichen Raum*, Gütersloh 1971, S. 28).

daß sie drei Jahre über der von ihm gewählten Altersobergrenze lag. Mit anderen Worten, im Internet hätten sie sich nie treffen können.«[30] Das Internet erschwert ungemein einen wesentlichen Aspekt der Sozialität, nämlich unser Vermögen, laufend *mit uns selbst* über die Bedingungen zu verhandeln, zu denen wir bereit sind, eine Beziehung zu anderen aufzunehmen. Weil das Internet unseren Geschmack und unsere Meinungen verdinglicht, hängt der Erfolg einer Begegnung daran, ob es ihr gelingt, dem geschriebenen Text präetablierter Präferenzen zu entsprechen oder ihn sogar zu reproduzieren, so daß die Art der von Goffman beschriebenen gemeinsamen Präsenz vermieden wird. Olga zum Beispiel, eine auffällig attraktive Journalistin, 31, die in Kalifornien lebt, berichtet, daß sie das Internet seit 1999 ohne großen Erfolg nutzt, was bedeutet, daß sie eine Reihe von Männern getroffen hat, die sie schon kurz nach der ersten Begegnung enttäuschten. In den letzten Monaten allerdings führte sie eine ernsthafte Beziehung mit einem Mann, einem Drehbuchschreiber aus Hollywood, den sie im Internet kennengelernt hat. Ich fragte sie, warum es mit diesem Mann geklappt hätte, aber nicht mit anderen. Ihre Antwort: »Bei den anderen gab es immer diese Enttäuschung, von der ich vorher sprach. Die Photos sahen nie genau so aus wie die reale Person. Bei ihm aber, bei Thomas, sah ich das Photo und dachte: Nie im Leben, nie im Leben ist einer, der so gut aussieht, im Internet. Ich dachte, er wäre ein Spinner oder so. Als ich ihn dann aber traf, sah er sogar besser aus als sein Photo. Und er war sich nicht einmal bewußt, wie gut er aussah. Er war sich dessen nicht bewußt.« Diese Antwort ist in zwei Hinsichten interessant: Dieser Mann hatte Erfolg, wo die anderen scheiterten, weil sein lebendiger Auftritt in der Lage war, seinen textuellen Auftritt gleichsam widerzuspiegeln und sogar zu überbieten. Das wiederum lag daran, daß er sich, wie Olga berichtet, seines Aussehens nicht bewußt war, wodurch er

30 Katz, *I Can't Believe I'm Buying This Book*, a.a.O., S. 105.

die kognitiven und ökonomischen Prozesse der Selbstbewertung und Selbstpräsentation vermeiden konnte, die vom Internet verlangt und impliziert werden.

Diese Bemerkungen sind besonders aufschlußreich, wenn wir sie mit sozialpsychologischen Erkenntnissen über die Erfahrung romantischer Anziehung vergleichen. »Am Anfang einer romantischen Beziehung sind scheinbar oberflächliche Äußerlichkeiten entscheidend. Die Entdeckung, daß jemand eine ›große Persönlichkeit‹ hat, scheint dagegen kaum relevant.« Diese Aussage kann genauer gefaßt werden: In einer Studie über die Ursachen romantischer Anziehung wurden Erwachsene und Jugendliche darum gebeten, explizit und in Worten anzugeben, was für sie bei einem Rendezvous am wichtigsten ist. Die Männer antworteten, Charaktereigenschaften wie »Aufrichtigkeit« oder »Empfindsamkeit« seien wichtiger als Aussehen.[31] In dem gleichen Experiment zeigte man den gleichen Personen später Bilder von unscheinbaren oder aber von sehr attraktiven Frauen, zugleich erhielten sie Persönlichkeitsbeschreibungen dieser Frauen. Ob die Frauen nun als »nicht vertrauenswürdig«, »ängstlich«, »prahlerisch« oder aber als »vertrauenswürdig«, »entspannt« oder »bescheiden« beschrieben wurden, die Unterschiede waren gering: Attraktive Frauen wurden den unscheinbaren Frauen immer vorgezogen, unabhängig von ihrem Charakter. Dieses Experiment legt zwei Schlußfolgerungen nahe: Zum einen neigen die Menschen generell dazu, die Persönlichkeit für wichtig zu halten, obgleich sie de facto eine eher geringe Rolle in Verhältnissen zwischenmenschlicher Anziehung spielt. »Attraktivität wird immer wichtiger. Diejenigen, die uns körperlich und persönlich ansprechen, regen uns an.«[32] Hinzu kommt, daß wir offenbar trotz aller Bemühungen, zu kontrollieren, in welchem Maße wir uns zu einem potentiellen Partner hin-

31 Elaine Hatfield und Susan Sprecher, *Mirror, Mirror. The Importance of Looks in Everyday Life*, Albany 1986, S. 118.

32 Ebd., S. 119.

gezogen fühlen, nicht wirklich wissen, was genau uns zu anderen hinzieht.

Mit Blick auf diesen Punkt können wir Merleau-Pontys Kritik am empiristischen Zugang zur Wahrnehmung des Phänomenalen heranziehen. Er behauptet, daß der Empirist Wahrnehmung und Gefühl (*sentir*) von dem reinigt, was er »Geheimnis« nennt. Merleau-Ponty unterscheidet dabei zwischen *sentir* und *connaître* und bezieht letzteres auf eine eigenschaftsbasierte Objektwahrnehmung oder auf das, was er die toten Eigenschaften des Objekts nennt (*qualités mortes*). Das Gefühl beruht demgegenüber auf der Erfahrung der aktiven Eigenschaften eines Objekts. Einen bewegungslosen Körper zu sehen ist für uns nicht das gleiche wie einen Körper zu sehen, der sich bewegt. Was wir vergessen, wenn wir Wahrnehmung als einen Akt des Wissens behandeln, ist, so Merleau-Ponty, ihr »existentieller Hintergrund«. Bourdieu, der Merleau-Ponty an diesem Punkt wiederbeleben will, verfährt ähnlich, wenn er den Körper in den Mittelpunkt sozialer Interaktionen stellt: »Nach zweihundert Jahren diffusem Platonismus fällt es schwer, zu denken, daß sich der Körper nach einer anderen Logik ›denken‹ läßt als nach der Logik der theoretischen Reflexion.«[33] Das hat damit zu tun, daß sich nach Bourdieu soziale Erfahrung im Körper niederschlägt und ausdrückt. So ist die physische Anziehung alles andere als irrational oder oberflächlich; sie aktiviert vielmehr gerade deswegen Mechanismen der Anerkennung sozialer Ähnlichkeit, weil sich im Körper soziale Erfahrungen speichern. Anders als es die entkörperlichten psychologischen Techniken der Selbst- und Fremderkenntnis also nahelegen, zeigt sich, daß der Körper vielleicht der beste und einzige Weg ist, um eine andere Person zu kennen und sich zu ihr hingezogen zu fühlen.

Tatsächlich möchte ich an diesem Punkt noch einmal auf *E-Mail für dich* zurückkommen und fragen, wodurch die

33 Pierre Bourdieu und Loïc J. D. Wacquant, *Reflexive Anthropologie*, Frankfurt/M. 1996, S. 209.

Beziehung des Internetpärchens so gut gelingt. Wie oben aufgeführt, gehört dieser Film dem Genre der Screwball-Comedy an, in dessen Rahmen Männer und Frauen aufeinanderstoßen und, nachdem sie eine Phase der Feindschaft durchlaufen, vereint oder wiedervereint werden. Der zentrale Punkt der romantischen Screwball-Comedy hat damit zu tun, daß sich die Protagonisten trotz ihrer Feindschaft unwiderstehlich zueinander hingezogen fühlen. Was den Film zweifellos zusammenhält, ist die Spannung, die sich zwischen Tom Hanks und Meg Ryan aufbaut, eine Spannung, von der wir, ganz in der Tradition der Screwball-Comedy, wissen, daß sie eine starke Anziehung zur Folge hat oder sogar schon impliziert. Als sich Ryan und ihr Freund trennen, sind beide regelrecht überrascht, daß sie sich nicht lieben, obgleich sie doch »perfekt zueinander passen«. Ganz anders dagegen Ryan und Hanks: Alles scheint sie zu trennen – besonders die geschäftliche Konkurrenz zwischen beiden und die Tatsache, daß Hanks ihren entzückenden Kinderbuchladen zugrunde richtet – und doch verbirgt ihre Feindschaft echte Anziehung, ja, zieht sie vielleicht sogar nach sich. Mit anderen Worten, im gleichen Augenblick, in dem dieser Film positiv Bezug nimmt auf eine neue Art der entkörperlichten Liebe, die auf Selbstoffenbarungen und Wahlverwandtschaften im entkörperlichten Medium Internet beruht, stützt, offenbart und inszeniert seine narrative Konstruktion eine gegenteilige Konzeption von Liebe. Diese beruht auf einer unwiderstehlichen und irrationalen Anziehung, für die der Körper und die gemeinsame Präsenz zweier physischer Personen wesentlich zur Empfindung der Liebe dazugehören, einer Liebe, die trotz des bewußten Cogito der Protagonisten ausbricht. Als sich das Internetpärchen dann trifft und endgültig seiner gegenseitigen Liebe versichert, spielen die Informationen, die sie voneinander haben, keine Rolle mehr, haben sich Meg Ryan und Tom Hanks doch schon vorher verliebt. Die körperliche Anziehung – und nicht die durch das Internet ausgelöste emotionale Affinität – hat schon ihren Teil zur schweren Arbeit des Sich-Verliebens beigetragen. So erweist sich die Internetromanze am Ende als eine relativ traditionelle Romanze, in der die Kenntnisse, die die Protagonisten vor ihrem Treffen voneinander erworben haben, kaum ins Gewicht fallen. Mehr noch, ich zweifle stark daran, daß Meg Ryan Tom Hanks auch nur halb so sehr gemocht hätte, wäre sie ihm im realen Leben nie begegnet. Im Film wie im realen Leben ist es der Körper, der die Arbeit der romantischen (und deswegen sozialen) Anziehung leistet.

So will ich nun zurückkehren zu jener Frage, mit der ich diese Vorlesung begonnen habe, nämlich zu der Frage, wie sich die Art der Vorstellungskraft, die im Internet zur Geltung kommt, charakterisieren läßt. Warum hat sie eine solche Affinität zur Enttäuschung, und welche Rolle spielt die Entkörperlichung in dieser Enttäuschung?

Man hat immer schon angenommen, daß die Liebe durch imaginäre Szenarien ausgelöst wird, die ihren Gegenstand geheimnisvoll und mächtig erscheinen lassen. Anders als häufig angenommen, ist eine solche Vorstellungskraft alles andere als abgekoppelt vom Realen, sie wird im Gegenteil häufig ausgelöst durch eine Geste oder durch die Art, wie man seinen Körper in der Welt bewegt und trägt. Bei Ethel Spector, der als Psychoanalytiker lange beobachtet hat, wie seine Patienten über Liebe reden, heißt es: »Es kann es die Art sein, in der jemand eine Zigarette im Wind anzündet, sein Haar zurückwirft oder am Telefon spricht (ich persönlich denke auch, daß diese Gesten viel, wenn nicht alles über die Persönlichkeit und die Ziele der Person, die so beobachtet wird, ›verraten‹«).[34] Unbedeutende körperliche Gesten können also romantische Phantasien und Empfindungen auslösen und tun es auch. Freud betrachtet ein solches Vermögen, sich von unerklärbaren und scheinbar irrationalen Details bewegen zu lassen, als Resultat der Tatsache, daß

34 Ethel Spector Person, *Dreams of Love and Fateful Encounters. The Power of Romantic Passion*, New York 1988, S. 115.

wir in der Liebe ein verlorenes Objekt lieben. Anders gesagt, in dem kulturellen Rahmen, in dem Freud gewirkt hat, waren Liebe und Phantasie eng verwoben durch die ihnen zukommende Fähigkeit, vergangene und gegenwärtige Erfahrungen in konkreten, verkörperten Interaktionen zu verbinden.

In dieser Sichtweise ist die Vorstellungskraft die Fähigkeit, die reale Erfahrung des realen Objekts durch Empfindungen zu substituieren, die ihrem realen Vorkommen sehr ähnlich sind. Vorstellungskraft annulliert also nicht Realität, sie stützt sich vielmehr auf sie, da sie sich auf Empfindungen, Gefühle und Emotionen verläßt, um das präsent zu machen, was abwesend ist. Die traditionelle romantische Vorstellungskraft vereinheitlicht Erfahrung, da sie ihr Zentrum im Körper hat; sie vermischt und kombiniert das gegenwärtige Objekt mit Bildern und Erfahrungen aus der Vergangenheit und konzentriert sich auf einige wenige »verräterische« Details am anderen. Darüber hinaus gilt für das dem Internet vorausgehende Subjekt, daß die Liebe die Vorstellungskraft durch Prozesse der Idealisierung anstachelt. Zu lieben heißt, überzubewerten, das heißt, einen (realen) anderen mit zusätzlichen Werten auszustatten. Es ist der Akt der Idealisierung, der die andere Person einzigartig macht.[35] In der traditionellen Liebe wird die Vorstellungskraft durch vier basale Prozesse hervorgerufen: eine im Körper fundierte Anziehung; eine solche Anziehung mobilisiert die vergangenen Beziehungen und Erfahrungen des Subjekts (wo Freud diese vergangenen Erfahrungen streng psychologisch und biographisch versteht, können wir sie mit Bourdieu als sozial und kollektiv verstehen); dieser Prozeß wiederum ereignet sich auf einer halbbewußten oder unbewußten Ebene, so daß das rationale Cogito umgangen wird; schließlich idealisiert die traditionelle Liebe fast schon per definitionem den anderen, das heißt, sie schreibt der gelieb-

35 Stephen A. Mitchell, *Can Love Last? The Fate of Romance over Time*, New York 2003, S. 95.

ten Person einen Wert zu, der dem unseren überlegen ist. Eine solche Idealisierung ereignet sich häufig auf der Basis einer Vermischung dessen, was wir wissen, und dessen, was wir nicht voneinander wissen.

Wir können das Vermögen der Liebe, das Selbst auf diese Weise zu mobilisieren, erklären, indem wir das Bourdieusche Paradigma verwenden, wonach einen anderen zu lieben heißt, seine eigene Vergangenheit und sein eigenes soziales Schicksal anzuerkennen (und deswegen zu lieben); dieses soziale Schicksal wiederum ist nach Bourdieu nirgends sichtbarer ist als im Körper und im Augenblick des Sich-Verliebens. Zu lieben heißt, auf libidinöse Weise und im Körper eines anderen unsere soziale Vergangenheit und unseren sozialen Ehrgeiz anzuerkennen.

Neuere kognitionspsychologische Untersuchungen über Entscheidungsfindungsprozesse bestätigen die Sichtweise Bourdieus. Sie postulieren die Existenz eines sogenannten »intuitiven Denkens« oder dessen, was sie »thin slicing« nennen, was dem Vermögen entspricht, sehr treffsicher und schnell Urteile über Menschen, Probleme und Situationen zu fällen. Solche Blitzurteile entstammen unbewußten Denkprozessen, mithin dem Vermögen, vergangene Erfahrungen heranzuziehen und sich auf wenige Aspekte des beurteilten Gegenstands zu konzentrieren. Wenn wir uns verlieben, identifizieren wir unsere in der Vergangenheit angehäuften Einschätzungen von Menschen, konzentrieren uns auf wenige Details und entwerfen so ein holistisches Bild des anderen und kein fragmentiertes, fragebogenartiges. Kognitionspsychologen würden im traditionellen Modell der Liebe mit seiner Fokussierung auf den Körper kein Scheitern des Urteils sehen, sondern den effizientesten und schnellsten Weg, den unser Geist einschlagen kann, um eine solche Entscheidung zu fällen.

Dieser kulturellen, sozialen und kognitiven Konfiguration traditioneller Liebe nach besteht das Problem des Sich-Verliebens darin, den Übergang von der spontanen und scheinbar irrationalen Liebe zur alltäglichen Liebe zu meistern. Die im Internet wirksame Vorstellungskraft würde ich dagegen so zusammenfassen: Sie setzt Phantasie frei, behindert aber romantische Gefühle. Diese Vorstellungskraft wird durch zwei Arten von Text ausgelöst, dem Photo und dem Profil sowie jenen Kenntnissen über die andere Person, die verbal und rational sind, also auf Kategorien und Kognitionen und nicht auf den Sinnen beruhen. Sie wird ferner durch zwei Mengen von Eigenschaften ausgelöst, die keiner besonderen Person zugehören, sondern Ergebnis eigener Projektionen auf den anderen sind. So heißt es in einem Ratgeber zur Partnersuche im Internet: »Schließe deine Augen für einen Moment. Fertige ein geistiges Bild von ihr an. Wie alt ist sie? Wie groß ist sie? Welche Farbe haben ihre Haare und Augen? In welcher Verfassung ist sie? Und, vielleicht wichtiger als ihre physischen Eigenschaften: Was für eine Persönlichkeit hat sie?«[36] Der Prozeß des Phantasierens und der Suche nach jemandem kann als Prozeß der Definition einer Liste abstrakter und entkörperlichter Eigenschaften begriffen werden, die vor einer wirklichen Begegnung formuliert werden und ihrerseits der eigenen Idealvorstellung entsprechen, die auf der Kenntnis eigener Bedürfnisse und Persönlichkeitseigenschaften beruht. Anders als die romantische Vorstellungskraft, die körperzentriert war und eher dem zugerechnet werden muß, was Merleau-Ponty *sentir* nannte, gehört die Vorstellungskraft im Internet dem *connaître* an und beraubt die Wahrnehmung ihres existentiellen Hintergrunds.

Das Internet liefert eine Art der Kenntnis, die, weil sie entbettet und losgelöst von kontextueller und praktischer Kenntnis der anderen Person ist, nicht genutzt werden kann, um die Person als ganze zu verstehen. In Billy Wilders

36 Howard Brian Edgar und Howard Martin Edgar, *The Ultimate Man's Guide to Internet Dating. The Premier Men's Resource for Finding, Attracting, Meeting, and Dating Women Online*, Aliso Viejo, 2003, S. 12.

Film *Liebe am Nachmittag* sagt Audrey Hepburn zu dem Mann, den sie liebt (Gary Cooper), daß sie »zu dünn« sei, einen zu langen Nacken und zu große Ohren habe. Er erwidert: »Das mag sein, aber ich mag die Art, in der alles zusammenhängt.« Begegnungen von Angesicht zu Angesicht lassen sich nicht auf eine Menge von Eigenschaften reduzieren; sie sind vielmehr »holistisch«, das heißt, in Begegnungen von Angesicht zu Angesicht widmen wir uns eher dem Zusammenhang einer Vielfalt von Eigenschaften als einzelnen Eigenschaften. Was wir normalerweise als »Charme« oder »Charisma« einer Person bezeichnen, besteht genau aus der Art, in der verschiedene Eigenschaften miteinander integriert und kontextuell inszeniert werden. Wie uns Husserl gelehrt hat, haben die Dinge eine Beziehung zu anderen Dingen, weil sie durch »einen wahrnehmenden und beweglichen Körper« erfaßt werden.[37] Der erlebte Körper macht, wenn er mit der Welt in Kontakt kommt, eine reflexive Erfahrung, was Husserl »Empfindnis« nennt, »ein Erlebnis, das keine Erfahrung ist, eine Empfindung, die keine Wahrnehmung ist, ein sich befinden, das kein Finden von etwas ist. Empfindnisse sind jene besonderen sinnlichen Ereignisse [...], die an der Kreuzung von taktilen Empfindungen und kinästhetischen Empfindungen entstehen, genau an jener Kreuzung, wo alle Entfernungen überwunden werden, wo das Fleisch der Dinge vom Fleisch des erlebten Körpers getragen wird«.[38] Ich bin keine Husserl-Spezialistin, aber ich schlage vor, daß Liebe aus dieser besonderen Weise der Weltbegegnung hervorgeht. Deswegen verlieben wir uns oft in Menschen, die von unseren ursprünglichen Begriffen weit entfernt liegen, deswegen auch sind wir bereit, wenn wir verliebt sind, ein Element zu ignorieren, das nicht zu

37 Donn Welton, »Soft, Smooth Hands. Husserl's Phenomenology of the Lived-Body«, in: ders. (Hg.), *The Body. Classic and Contemporary Readings*, Malden 1999, S. 38-56.

38 Ebd., S. 45.

unseren Erfahrungen paßt (gerade weil wir uns dem Ganzen und nicht seinen Teilen widmen).

Ich will dies noch einmal anders ausdrücken, indem ich mich erneut auf kognitionspsychologische Arbeiten und auf Untersuchungen über Entscheidungsfindungsprozesse stütze. Der Kognitionspsychologe Jonathan W. Schooler hat in interessanten Studien gezeigt, daß Menschen, die aufgefordert wurden, sich Gesichter zu merken, und diese dann in einer Aufeinanderfolge von Bildern identifizieren sollen, wenig Schwierigkeiten haben. Bittet man diese Menschen aber, das Gesicht zuerst in Worten zu beschreiben und es dann zu identifizieren, gelingt es ihnen schon viel weniger gut, die Gesichter wiederzuerkennen. Schooler nennt diesen Effekt »verbales Überschatten« und meint damit eine Störung der visuellen Prozesse durch verbale Prozesse. Verbale Prozesse stören besonders jene Entscheidungen, die von uns verlangen, unsere »Intuition«, »Einsicht« oder unser »Blitzurteil« (*snap judgment*) zu benutzen. Mit anderen Worten, es gibt Dinge, die uns schlicht besser ohne Worte gelingen, also ohne zu verbalisieren, was wir tun und warum wir es tun. Darüber hinaus stören Worte nicht nur unsere Blitzurteile, eine Überfrachtung mit Informationen schwächt sogar noch unser Vermögen, jene schnellen Entscheidungen zu treffen, die romantische Anziehungskraft bestimmen, statt dieses Vermögen zu stärken.[39] Blitzurteile stützen sich auf einen Kognitionstyp, der »schnell und sparsam« ist, also auf eine Art Minimalurteil, das auf der nackten »Unterschrift« beruht, in der sich gleichsam die wesentlichen Elemente einer Person oder eines Phänomens bündeln. Um ein Beispiel zu geben: Experimente haben gezeigt, daß bei einem Angebot von sechs Marmeladensorten 30 Prozent aller Leute, die an einem entsprechenden Stand vorbeikommen,

39 Jonathan W. Schooler, Stella Ohlsson und Kevin Brooks, »Thoughts Beyond Words. When Language Overshadows Insight«, in: *Journal of Experimental Psychology*, 122:2, 1993, S. 166-183.

eine Marmelade kaufen.[40] Bietet man dagegen vierundzwanzig Marmeladensorten an, kaufen nur drei Prozent der Leute irgendeine Sorte ein. Der Grund ist einfach: Je größer die Auswahl, desto größer das Risiko der Informationsüberfrachtung; diese wiederum stört die Fähigkeit, Blitzurteile zu treffen, die auf wenigen und nicht auf vielen Informationen beruhen.

Die Vorstellungskraft im Internet ist also nicht einfach der Wirklichkeit entgegengesetzt; sie ist einer Art der Vorstellungskraft entgegengesetzt, die auf dem Körper und auf intuitivem Denken (oder »thin slicing«) beruht.[41] Die Vorstellungskraft im Internet untergräbt die intuitive Vorstellungskraft, weil sie nicht retrospektiv, sondern prospektiv ist, also vorwärtsschauend und folglich losgelöst vom intuitiven, praktischen und unausgesprochenen Wissen des Vergangenen. Mehr noch, weil sie sich auf eine Masse an textbasiertem kognitiven Wissen verläßt, wird sie durch »verbal overshadowing« beherrscht, eine Sprachdominanz, die den Prozeß visueller und körperlicher Anerkennung stört. Schließlich würde ich noch hinzufügen, daß uns das Internet, weil es uns den ganzen Markt möglicher Entscheidungen als greifbar suggeriert (grob gesagt: es ermöglicht Preisvergleiche), dahin bringt, die Person, der wir real begegnen, gleichsam unter Wert und nicht über Wert einzuordnen.

Wo die traditionelle romantische Vorstellungskraft durch eine Mischung aus Realität und Vorstellungskraft gekenn-

40 Timothy Wilson und Jonathan W. Schooler, »Thinking Too Much. Introspection Can Reduce the Quality of Preferences and Decisions«, in: *Journal of Personality and Social Psychology*, 60:2, 1991, S. 181-192.

41 Wenn es bei Updike heißt »Ein imaginierter Kuß läßt sich leichter kontrollieren, vollständiger genießen und ist weniger umständlich als ein realer Kuß«, dann bezieht er sich auf einen Akt der Vorstellungskraft, der seine Quelle in Erfahrung hat, das heißt, in einer Erfahrung mit einer Person, die ihm tatsächlich begegnet ist; siehe John Updike, »Libido Lite«, in: *The New York Review of Books*, 18. November 2004, S. 30f.

zeichnet war, in der sich Körper und angesammelte Erfahrungen der Vergangenheit verbanden, trennt das Internet die Vorstellungskraft in eine Welt selbstgenerierter subjektiver Bedeutungen einerseits und in die Begegnung mit dem anderen andererseits, wobei diese beiden Hälften sich nun zeitlich auseinandergezogen ereignen. Auch das Wissen über den anderen ist nun in verschiedene Teile gespalten, denn die Person wird nun zunächst als eine selbstkonstruierte psychologische Einheit erfaßt, danach als Stimme und erst dann als beweglicher und handelnder Körper.

Eine solche Form der Vorstellungskraft ist für den Philosophen Merleau-Ponty eine Quelle von Pathologien. Ja, für Merleau-Ponty lassen sich das Imaginäre und das Reale nicht voneinander trennen; der Versuch, sie zu trennen, so Merleau-Ponty, konstituiert gerade die Pathologie.[42]

Nachdem nun all das gesagt ist, wie können wir dann erklären, daß sich Paare im Netz finden? *Match.com* prahlt immerhin mit neuntausend Eheschließungen. Das ist ohne Zweifel eine recht geringe Zahl, wenn man sich die Zahl der Menschen vor Augen führt, die das Internet benutzen, aber eine gute Analyse sollte sich doch bemühen, dieses Phänomen und das allgemeine Phänomen der im Internet geschlossenen gehaltvollen Beziehungen zu erklären.

Ich will deswegen zu Artemis zurückgehen, die unter allen von mir interviewten Personen am wählerischsten war. Ich fragte sie, warum sie an einem bestimmten Mann, den sie im Internet kennenlernte, interessiert war. Ihre Antwort: »Ich konnte ihn auf meine Karte beziehen. [...] Leute, die mich interessieren, sind die mit der größten emotionalen Kompetenz. Ich brauche jemanden, der sich auf die emotionalen Aspekte von mir einlassen kann. In meinem Profil habe ich zum Beispiel geschrieben: ›Ich habe wenig Geduld mit den meisten Menschen.‹ Ich brauche jemanden, der da-

42 Siehe Phillips und Morley, *Imagination and Its Pathologies*, a.a.O., S. 10.

mit etwas anfangen kann, der versucht zu verstehen, wo es herkommt und warum ich es geschrieben habe.«

Das Internet ist eine extrem psychologische Technik, weil es ein psychologisches Verständnis des Selbst voraussetzt und einen psychologischen Modus der Sozialität unterstützt. Bestätigt wird das, vielleicht ganz ungewollt, durch eine große Studie über die im Netz geknüpften Beziehungen, die die Sozialpsychologin McKenna durchgeführt hat. Sie sagt, die Menschen können gehaltvolle Beziehungen im Netz bilden und tun das auch, weil das Internet ihnen erlaubt, das auszudrücken, was sie das »authentische Selbst« nennt. Um dieses Selbst zu definieren, benutzt sie ausgerechnet die Definition von Carl Rogers, nach der dieses Selbst eines ist, das sich selbst und anderen verborgen bleibt und am besten in therapeutischen Begegnungen artikuliert wird. Die Forscherin bestätigt hier also noch einmal die vorherrschende Sprachideologie der Psychologie.

Ich vermute also, daß es die Menschen sind, die besonders viel Gewicht auf emotionale verbale Kommunikation legen, die ferner am kompetentesten sind, wenn es um das Herstellen privater Beziehungen durch öffentliche Manipulation ihrer Emotionen und ihres Selbst sowie um den am therapeutischen Modell orientierten Aufbau von Beziehungen geht, mithin das aufweisen, was ich im zweiten Kapitel als emotionale Kompetenz bezeichnet habe, die am ehesten in der Lage sind, die Technologie des Internet zu maximieren und so aus dem Internet eine wahrhaft psychologische Technologie zu machen.

Schluß

Wir sind nun an den Anfang zurückgekehrt. Im Verlauf des 20. Jahrhunderts wurde die Psychologie das, was Castoriadis als »Magma« der gesellschaftlichen imaginären Bedeutungen bezeichnet hat. Das Magma ist, so Castoriadis, eine imaginäre Form, die die Gesellschaft insgesamt durchdringt, die sie vereinheitlicht und die nicht auf ihre Einzelbestandteile reduziert werden kann. Die kulturelle Bildwelt der Psychologie ist unser gegenwärtiges »Magma« geworden. Ihre Bedeutungen werden kollektiv geteilt und konstituieren sowohl unser Selbstverständnis als auch unsere Art, uns mit anderen zu verbinden.[43]

Die Psychoanalyse entstand aus dem Rückzug des Selbst in die Privatsphäre und aus der Sättigung des Privaten mit Emotionen. In Verbindung mit der Produktivitätssprache der Unternehmen und der Kommodifizierung des Selbstseins im Bereich der psychischen Gesundheit war die Psychologie dafür verantwortlich, aus dem emotionalen Selbst einen öffentlichen Text und eine öffentliche Inszenierung zu machen, aufgeführt an unterschiedlichen sozialen Orten, etwa in intimen Beziehungen, im Unternehmen, in Selbsthilfegruppen, in Talkshows und im Internet. Die Transformation der Öffentlichkeit in eine Arena der Zurschaustellung von Privatheit, Emotion und Intimität, die kennzeichnend für die öffentliche Sphäre der letzten 20 Jahre war, kann nicht angemessen verstanden werden, ohne zu würdigen, wie die Psychologie dazu beitrug, private Erfahrungen in öffentliche Diskussionen zu konvertieren. Das Internet ist die jüngste Entwicklung in diesem Prozeß, da es ein psychologisches Selbst voraussetzt, das in der Lage ist, sich über Texte zu deuten, zu klassifizieren und quantifizieren, öffentlich zu inszenieren und präsentieren. Es hat allerdings mit dem Problem zu kämpfen, genau diese öffentliche psychologische Inszenierung in eine private emotionale Beziehung rückzuübersetzen.

Wie Adorno vor mehr als einem halben Jahrhundert auf so eindrucksvolle Weise gezeigt hat, sind es also unterschiedliche Institutionen, die aufs engste mit dem Prozeß der Kommodifizierung des Selbstseins zusammenhängen:

43 Cornelius Castoriadis, *Gesellschaft als imaginäre Institution. Entwurf einer politischen Theorie*, Frankfurt/M. 1984.

der psychologische Diskurs, die Industrie der Selbsthilfe- und Ratgeberliteratur, der Staat, die pharmazeutischen Unternehmen und die Technologie des Internets – sie alle arbeiten zusammen und bereiten den Boden für das moderne psychologische Selbstsein, weil sie alle im wesentlichen auf das Selbst zielen. Es ist dieses fortschreitende Ineinanderübergehen der Ressourcen des Marktes und der Sprache des Selbst im 20. Jahrhundert, das ich »emotionalen Kapitalismus« genannt habe. In der Kultur des emotionalen Kapitalismus haben sich die Emotionen in Entitäten verwandelt, die bewertet, inspiziert, diskutiert, verhandelt, quantifiziert und kommodifiziert werden. Darüber hinaus haben die Emotionen in diesem Prozeß des Erfindens und Anwendens aller möglichen Texte und Klassifikationen des Selbstmanagements und der Selbstveränderung dazu beigetragen, ein leidendes Selbst zu schaffen, also eine Identität, die durch ihre psychischen Fehler und Mängel organisiert und definiert wird; diese Fehler und Mängel wiederum finden sich als beständige Aufforderung zum Selbstwandel und zur Selbstverwirklichung auch in der Marktsphäre wieder. Der emotionale Kapitalismus seinerseits hat die ökonomischen Transaktionen – ja, überhaupt alle sozialen Beziehungen – in noch nie dagewesener Weise für das sprachliche Emotionsmanagement sensibilisiert, so daß sie zum Fokus von Strategien des Dialogs, der Anerkennung, der Intimität und der Selbstemanzipation werden.

Genau hier weiche ich vom Erbe der Kritischen Theorie und von typischen Foucaultschen Beschreibungen dieses Prozesses ab. Die Dynamik, in deren Licht eine Linie von der Freudschen Vorstellungskraft zum Internet gezogen werden kann, ist keine der totalen Verwaltung und Überwachung, denn sie ist mit Ambivalenzen und Widersprüchen beladen; die Sprache und die Technik, die Beziehungen berechenbar und erforschbar machen, sind nämlich die gleichen, die eine Kommodifizierung des Selbstseins möglich gemacht haben. Mit Blick auf den von mir beschriebenen Prozeß ist es so gut wie unmöglich, die Rationalisierung und Kommodifizierung des Selbstseins von der Fähigkeit des Selbst zu trennen, sich zu formen, sich zu helfen und kommunikativ sowie deliberativ mit anderen in Kontakt zu treten. Die gleiche Logik, die aus Emotionen eine neue Form des Kapitals gemacht hat, hat die Beziehungen im Innern des Unternehmens demokratischer gestaltet. Der gleiche Prozeß, der Frauen dazu gebracht hat, Gleichheit der Position in der privaten und öffentlichen Sphäre zu fordern, hat intime Bindungen entemotionalisiert, rationalisiert und einem krassen Utilitarismus ausgeliefert. Das gleiche Wissenssystem, das uns dazu gebracht hat, in die hintersten Winkel unserer Seele zu blicken und das uns emotional alphabetisiert hat, hat unsere Beziehungen quantifiziert und austauschbar gemacht. Ja, die Idee der Selbstverwirklichung selbst, die doch mit einer *promesse de bonheur* verbunden war und noch immer verbunden ist, trug entscheidend dazu bei, daß aus der Psychologie ein autoritäres Wissenssystem werden konnte und daß sich Marktimperative in der Privatsphäre ausbreiteten.

Angesichts dieser verwirrend widersprüchlichen Verquickung von Rationalisierung und Emanzipation, Interesse und Leidenschaft, privatem Anliegen und öffentlicher Ressource würden Foucault und viele Vertreter der Kritischen Theorie wohl dazu neigen, diese Widersprüche unter allgemeine Kategorien wie »Kommodifizierung« oder »Überwachung« zu bringen, und subsumieren damit Vergnügen und Lust unter Macht. Auch postmoderne Soziologen läßt dieser Zustand nicht unbeeindruckt, denn sie feiern Ambivalenz und Unbestimmtheit. Wenn es aber etwas gibt, das ich mit Nachdruck am Ende dieser Überlegungen behaupten möchte, ist es das folgende: Selbst wenn die Rationalisierung und Kommodifizierung des Selbstseins unwiderruflich mit seiner Emanzipation verwoben ist, können beide Prozesse unmöglich verwechselt werden. Es bleibt unsere Aufgabe, Lust nicht mit Macht zu verwechseln. Aber auch wenn wir nach Klarheit streben, bleibt unsere Analyse unordentlich, weil sie es mit sozialen Sphären und Werten zu tun hat, die unwiderruflich miteinander verwoben sind. Hat die Soziologie uns traditionellerweise dazu aufgefordert, unsere Klugheit und Wachsamkeit darauf zu verwenden, Unterscheidungen zu treffen (zwischen Gebrauchswerten und Tauschwerten, Lebenswelt und Kolonialisierung der Lebenswelt etc.), stehen wir nun vor der Herausforderung, die gleiche Wachsamkeit auf eine soziale Welt anzuwenden, die diese Unterscheidungen auf konsistente Weise unterläuft.[44] Um noch einmal Michael Walzers Metapher zu verwenden, die Aufgabe des Kritikers sollte der Geste Hamlets gleichen, mit der dieser seine Mutter in den Spiegel schauen läßt, damit sie sehen kann, wie sie wirklich im tiefsten Innern ihres Herzen aussieht. »Die Aufgabe des Kritikers [...] ist nicht anders, denn der Spiegel, den er oder sie vorhält, verweist auf Werte und Ideale, denen alle von uns spontan zustimmen und auf die wir selbst verweisen, wenn wir andere Menschen für ihre Handlungen zur Rechenschaft ziehen.«[45] Halten wir uns einen solchen Spiegel vor, dann ist das Bild in der Tat verzerrt.

Vor dem Hintergrund dieser Überlegungen habe ich versucht, die ambivalente Logik zu untersuchen, die vorliegt, wenn Emotionen an Kapital gebunden werden. Und vor dem Hintergrund dieser Position frage ich mich, ob sich nicht die ambivalente Logik, die ich im Gang durch das 20. Jahrhundert skizziert habe, zunehmend auf den Markt hin verengt. Konnte das konventionelle kapitalistische Subjekt noch zwischen »Strategie« und reiner »Emotion« hin und her pendeln, liegt das kulturelle Hauptproblem in der Internet- und Psychologieära darin, so scheint mir, daß ihm

44 Das Zusammen von Geld und Empfindung wird hervorragend dargestellt von Viviana A. Zelizer, *The Purchase of Intimacy*, Princeton 2005.

45 Eva Illouz, »›That Shadowy Realm of the Interior‹. Oprah Winfrey and Hamlet's Glass«, in: *International Journal of Cultural Studies*, 2:1, 1999, S. 109-131 (hier S. 128 f.).

dieses Hin und Her zwischen Strategie und Emotion nicht länger behagt. Die Akteure scheinen, häufig gegen ihren Willen, im Strategischen steckenzubleiben. Das Internet kann als schlagendes Beispiel für diesen Punkt herangezogen werden. Das Problem ist nicht sosehr, daß die Internettechnologie das persönliche und emotionale Leben verarmen läßt, sondern daß sie ungekannte Möglichkeiten der Kontaktaufnahme und Beziehungsbildung schafft, denen gleichwohl die emotionalen und körperlichen Ressourcen fehlen, die bislang zur Aufrechterhaltung solcher Kontakte und Beziehungen gedient haben.

In einer Diskussion der Simmelschen Arbeitstheorie veranschaulicht der Soziologe Jorge Arditi, worum es hier geht.[46] In der Deutung Arditis hat Simmel eine Theorie der Entfremdung ausgearbeitet, nach der die langsame Verarmung des persönlichen Lebens Konsequenz der zunehmenden Trennung zwischen objektiver und subjektiver Kultur, zwischen unserer subjektiven Erfahrung und der außerhalb von uns produzierten Welt der Objekte und Ideen ist. Entwerfen wir, so Arditi im Anschluß an Simmel, eine komplexe objektive Kultur, so verlieren wir die Einheit, die wir brauchen, um ihr Bedeutung beizulegen. Für Simmel ist ein Objekt existentiell bedeutungsvoll, wenn Subjekt und Objekt kongruent sind. In diesem Sinne geht er davon aus, daß die Liebe zu jemandem impliziert, ihn direkt und vollständig zu erfassen. Kein soziales oder kulturelles Objekt liegt zwischen dem Liebenden und der geliebten Person, kein Element des Intellekts spielt in die Erfahrung des Liebens hinein. Wir haben es hier mit bekannten romantischen Ideen zu tun, aber ich denke nicht, daß wir sie verwerfen sollten, bloß weil sie romantisch sind. Was Simmel nichtrational nennt, ermöglicht das direkte Empfinden, die Körperlichkeit, die unvermittelte Zuschreibung einer Bedeutung zu einem Gegenstand. Wenn wir eine Person lieben,

46 Jorge Arditi, »Simmel's Theory of Alienation and the Decline of the Nonrational«, in: *Sociological Theory*, 14, 1996, S. 93-108.

verleihen wir ihr eine Bedeutung, die aus unserer Erfahrung von ihr als einer ganzen Person stammt. Dann, und nur dann erfassen wir das existentielle Wesen dieses anderen ohne dazwischenliegende Faktoren. Die intellektuelle Erfahrung dagegen – die Weber als Hauptmerkmal der Rationalität betrachtete – führt zwangsläufig eine Distanz zwischen dem eigenen Selbst und den Objekten ein. Für Simmel hat die Rationalisierung die Entfernung zwischen Subjekten und Objekten beträchtlich erweitert. Genau an diesem Punkt macht Arditi einen interessanten Vorschlag: Die soziale Entfernung, so Arditi, entspringt nicht dem Fehlen gemeinsamer Eigenschaften, sondern der abstrakten Natur dieser Eigenschaften. Ferne tritt folglich nicht dann ein, wenn die Menschen nichts miteinander gemeinsam haben, sondern weil die Dinge, die sie gemeinsam haben, zu allgemein sind oder zu allgemein geworden sind. Um dies etwas anders zu formulieren: Die Ferne entspringt der Tatsache, daß die Menschen mittlerweile eine gemeinsame, aber zugleich hochgradig standardisierte Sprache sprechen. Nähe entspringt andererseits der Spezifizität und Exklusivität von Ähnlichkeiten zwischen zwei Entitäten. In diesem Sinne impliziert Nähe ein Teilen »existentiell generierter Bedeutungen«.[47] Es ist also die Tatsache, daß wir zunehmend über kulturelle Techniken der Standardisierung intimer Beziehungen, des Sprechens über sie und ihrer verallgemeinerten Handhabung verfügen, die unser Vermögen schwächt, Nähe herzustellen, die Kongruenz von Subjekt und Objekt herbeizuführen.

Ich denke, wir können an diesem Punkt eine neue kulturelle Konfiguration beobachten, die vielleicht mit dem schwerwiegenden Bruch verglichen werden kann, den Niccolo Machiavelli ausgelöst hat. Man erinnert sich: Machiavelli will öffentliches Verhalten und öffentliche Erfolge von privater Moral und Tugend trennen; ferner soll der gute Führer wissen, wie er seine einzelnen Entscheidungen so

47 Ebd.

kalkulieren und seine Person so manipulieren kann, daß er generös, aufrichtig und mitfühlend erscheint (während er doch zugleich geizig, verschlagen und grausam ist). Machiavelli ist vielleicht der erste, der den Kern des modernen Selbst auf den Punkt gebracht hat, nämlich sein Vermögen, sich zu spalten und zwischen einem privaten und einem öffentlichen Selbst hin und her zu pendeln. Der psychologische Diskurs allerdings hat die Bedingungen dieser Dualität von privater Moral und öffentlicher Amoral und Strategie verwandelt, denn die private und die öffentliche Sphäre fließen zunehmend ineinander über, sie spiegeln sich ineinander, absorbieren die Handlungsweisen und Rechtfertigungen der je anderen Sphäre und verwischen auf diese Weise letztlich die Unterscheidung von öffentlicher Verschlagenheit und privater Tugend.

Macht uns das intelligenter und fähiger, unsere Ziele zu erreichen? Machiavellis Fürst mag nicht die Zustimmung der moralischen Autoritäten seiner Zeit genossen haben, zumindest aber verhielt er sich, so die Annahme, geschickter im Umgang mit alltäglichen Problemen. Ich bezweifle, daß uns diese neue Dominanz des privaten Lebens durch strategisches Verhalten intelligenter gemacht hat.

Ich will erklären, was ich meine, indem ich auf die faszinierenden Arbeiten des Neurologen Antonio Damasio verweise, der Patienten mit einer Schädigung des hinter der Nase liegenden ventromedialen präfrontalen Cortex beschreibt. Folgt man den Neurologen, dann ist das der Bereich, der für den Prozeß der Entscheidungsfindung maßgeblich ist. Menschen mit einer solchen Schädigung sind normalerweise vollkommen rational, aber ihnen fehlt das Urteilsvermögen und die Fähigkeit, Entscheidungen auf der Basis von Emotionen und Intuitionen zu fällen (Intuition meint hier nichts weiter als akkumulierte kulturelle und soziale Erfahrung). Im folgenden beschreibt Damasio in seinem Buch *Descartes' Irrtum*, wie er versucht, mit einem derart geschädigten Patienten einen Termin zu vereinbaren:

»Ich besprach mit demselben Patienten seinen nächsten Besuch im Institut. Dazu schlug ich ihm zwei Termine zur Auswahl vor, die beide in den kommenden Monat fielen und nur ein paar Tage auseinanderlagen. Der Patient nahm seinen Terminkalender heraus und begann in ihm zu blättern. Nun legte er ein äußerst bemerkenswertes Verhalten an den Tag, das mehrere meiner Kollegen beobachtet haben und bezeugen können. Fast eine halbe Stunde lang zählte er Gründe für und gegen die beiden Termine auf. Vorangehende Verabredungen, die zeitliche Nähe anderer Verabredungen, mögliche Wetterverhältnisse: praktisch alles, was man bei einer so simplen Frage berücksichtigen kann. [...] [So] zwang er uns, nun einer ermüdenden Kosten-Nutzen-Analyse zu folgen, einer endlosen Aufzählung und einem überflüssigen Vergleich von Optionen und möglichen Konsequenzen. Wir mußten uns sehr beherrschen, um uns all das anzuhören, ohne mit der Faust auf den Tisch zu schlagen und ihm zu sagen, er solle nun endlich zu einem Entschluß kommen.«[48] Einen Mann, der in dieser Weise versucht, rational zu entscheiden, wann er eine Verabredung annehmen soll, würde ich einen hyperrationalen Idioten nennen, jemand, dessen Fähigkeit, zu urteilen, zu handeln und schließlich zu entscheiden, durch eine Kosten-Nutzen-Analyse gestört wird, durch ein rationales Abwägen von Optionen, das außer Kontrolle gerät.

Damasios Anekdote ist natürlich ganz buchstäblich eine solche, aber wir können sie metaphorisch verwenden, um all das zu interpretieren, was ich diskutiert habe. Ich frage mich, ob nicht der Prozeß, den ich beschrieben habe, in der Lage ist, hyperrationale Idioten aus uns zu machen. Wir finden uns zunehmend gespalten zwischen einer das Selbst kommodifizierenden und rationalisierenden Hyperrationalität und einer privaten Welt, die in wachsendem

48 Antonio R. Damasio, *Descartes' Error. Emotion, Reason, and the Human Brain*, New York 1994 (dt. *Descartes' Irrtum. Fühlen, Denken und das menschliche Gehirn*, München 1995, S. 263 f.).

Ausmaß von selbstgenerierten Phantasien dominiert wird. Wenn Ideologie das ist, was uns mit Vergnügen im Innern von Widersprüchen leben läßt, dann bin ich nicht sicher, ob die Ideologie des Kapitalismus das noch leisten kann. Die kapitalistische Kultur hat womöglich eine neue Stufe erreicht: Während der industrielle und sogar der fortgeschrittene Kapitalismus ein gespaltenes Selbst zugleich ermöglichten und verlangten, das reibungslos vom Bereich strategischer zum Bereich häuslicher Interaktionen glitt, vom ökonomischen zum emotionalen, vom egoistischen zum kooperativen, verhält sich die interne Logik der gegenwärtigen kapitalistischen Kultur anders. Nicht nur wird die Kosten-Nutzen-Analyse aus dem kulturellen Repertoire des Marktes mittlerweile in fast allen privaten und häuslichen Interaktionen angewendet, es scheint auch zunehmend schwerer geworden zu sein, von einem Register des Handelns (etwa dem romantischen) in ein anderes zu wechseln (etwa in das ökonomische).

Die Dominanz der Hyperrationalität affiziert ihrerseits die Fähigkeit zu phantasieren. In einer Diskussion des letzten Films von Stanley Kubrick, *Eyes Wide Shut*, sagt Slavoj Žižek: »Es ist nicht gerade so, daß sich die Phantasie als mächtiger Schlund der Verführung herausstellt, der droht, dich zu verschlingen; im Gegenteil, die Phantasie ist letztlich steril.«[49] In einer Kultur, die Phantasien serienmäßig herstellt, hat es nie sonderlich vielfältige und reichhaltige Phantasien gegeben, aber es kann sein, daß die Phantasien so steril wie noch nie sind, weil sie sich von der Realität abgelöst haben und weil sie in ihrer Organisation der hyperrationalen Welt der Märkte mit ihrer Auswahl und ihren Informationen folgen.

49 Žižek und Daly, *Conversations with Žižek*, a.a.O., S. 111.

Danksagung

Nur wenige Bücher verdanken ihre Existenz allein der Initiative einer einzigen Person. Dieses Buch gehört dazu. Als mich Axel Honneth einlud, die Adorno-Vorlesungen in Frankfurt zu halten, brachte er mich dazu, innezuhalten und erneut über das nachzudenken, woran ich zu dieser Zeit gerade arbeitete, nämlich den Einfluß der Psychologie auf die gewöhnlichen kulturellen Bezugssysteme von Männern und Frauen der Mittelschicht in fast allen Teilen der gegenwärtigen Welt. Ich las erneut die Kritischen Theoretiker und erkannte mit aller Deutlichkeit, daß die lange Tradition der Kritischen Theorie, die von Theodor W. Adorno über Jürgen Habermas bis hin zu Axel Honneth führt, in ihrer Fähigkeit, gegensätzlichen Strömungen in der Moderne einen Sinn zu verleihen, nach wie vor schwer zu überbieten ist. Axels einzigartige und herausragende intellektuelle Weitsicht, seine grenzenlose Großzügigkeit und seine unerschöpfliche Energie stehen als unmittelbare Triebkraft hinter der Entstehung dieses Buches.

Susan Neiman reiste nach Frankfurt, nicht nur um mich ihrer unverbrüchlichen Freundschaft zu versichern, sondern auch um mir ihre stets scharfsinnigen *bon mots* und provozierenden Kommentare zu schenken. Beatrice Smedley hat alle drei Vorlesungen gelesen und mir auf ihre liebenswürdige und kluge Art geholfen, vieles nochmals zu überdenken und zu verbessern. Carol Kidrons Arbeit über Traumata und ihre kritischen Einsichten haben wesentlich zu diesem Buch beigetragen. Ohne Nick John wäre die dritte Vorlesung nicht so geworden, wie sie nun ist. Eitan Wilf danke ich von ganzem Herzen für seine Lektüre des Manuskripts und für seine besonnenen bibliographischen Ergänzungen und allgemeinen Kommentare.

Es war ein Glück, Martin Hartmann als Übersetzer zu haben. Ich wünschte, mehr Autoren hätten wie ich das Privileg, mit dem Team des Suhrkamp Verlages zu arbeiten, mit Eva Gilmer, Petra Hardt und Bernd Stiegler, die aus der Entstehungsgeschichte dieses Buches eine ausgesprochen angenehme Erfahrung gemacht haben. In Zeiten, in denen das Verlagswesen und das Buchgeschäft zunehmend von der zügellosen Logik des Marktes bestimmt werden, verteidigen Eva, Petra und Bernd kompromißlos ihre Liebe zu Büchern und Ideen.

Schließlich möchte ich das Buch Elchanan widmen, meinem Ehemann und besten Freund. Er hat, während ich an dem Buch schrieb, einen erheblichen Teil seiner Zeit geopfert, um einer nicht unerheblichen Menge an Ängsten und Verzagtheiten meinerseits Raum zu geben und ebenso viele Augenblicke reinsten intellektuellen Hochgefühls mit mir zu teilen.

Jerusalem, im Februar 2006

Kulturwissenschaft und Kulturtheorie im Suhrkamp Verlag Eine Auswahl

Aleida Assmann/Ulrich Gaier/Gisela Trommsdorff (Hg.). Positionen der Kulturanthropologie. stw 1724. 391 Seiten

Michail M. Bachtin
- Rabelais und seine Welt. Volkskultur als Gegenkultur. Übersetzt von Gabriele Leupold. Herausgegeben und Vorwort von Renate Lachmann. stw 1187. 546 Seiten
- Autor und Held in der ästhetischen Tätigkeit. Herausgegeben von Rainer Grübel, Edward Kowalski und Ulrich Schmid. Aus dem Russischen von Hans-Günter Hilbert, Rainer Grübel, Alexander Haardt und Ulrich Schmid. stw 1878. 356 Seiten
- Chronotopos. Aus dem Russischen von Michael Dewey. Mit einem Nachwort von Michael C. Frank und Kirsten Mahlke. stw 1879. 242 Seiten

Mieke Bal. Kulturanalyse. Herausgegeben von Thomas Fechner-Smarsly und Sonja Neef. Übersetzt von Joachim Schulte. Mit zahlreichen Abbildungen. Gebunden. 372 Seiten

Roland Barthes
- Fragmente einer Sprache der Liebe. Übersetzt von Hans-Horst Henschen. st 1586. 279 Seiten
- Die Körnung der Stimme. Interviews 1962-1980. Übersetzt von Agnès Bucaille-Euler, Birgit Spielmann und Gerhard Mahlberg. es 2278. 404 Seiten
- Mythen des Alltags. Übersetzt von Helmut Scheffel. es 92. 168 Seiten

Hans Blumenberg. Arbeit am Mythos. stw 1805. 699 Seiten

NF 118/1/03.13

NF 118/2/03.13

Thomas Hauschild. Ritual und Gewalt. Ethnologische Studien an europäischen und mediterranen Gesellschaften. Mit Abbildungen. Gebunden. 258 Seiten

Martin Ludwig Hofmann/Tobias F. Korta/Sibylle Niekisch (Hg.)
- Culture Club. Klassiker der Kulturtheorie. stw 1668. 304 Seiten
- Culture Club II. Klassiker der Kulturtheorie. stw 1798. 333 Seiten

Eva Illouz. Gefühle in Zeiten des Kapitalismus. Übersetzt von Martin Hartmann. Broschur. 170 Seiten

Peter Janich. Kultur und Methode. Philosophie in einer wissenschaftlich geprägten Welt. stw 1773. 460 Seiten

Vladimir Jankélévitch
- Das Verzeihen. Essays zur Moral und Kulturphilosophie. Herausgegeben von Ralf Konersmann. Übersetzt von Claudia Brede-Konersmann. Mit einem Vorwort von Jörg Altwegg. Gebunden und stw 1731. 292 Seiten
- Der Tod. Übersetzt von Brigitta Restorff. Gebunden. 573 Seiten

Sebastian Knell/Marcel Weber (Hg.). Länger leben? Philosophische und biowissenschaftliche Perspektiven. stw 1900. 290 Seiten

Ralf Konersmann
- Kulturelle Tatsachen. stw 1774. 406 Seiten
- Kulturkritik. Broschur. 135 Seiten

Sybille Krämer/Werner Kogge/Gernot Grube (Hg.). Spur. Spurenlesen als Orientierungstechnik und Wissenskunst. Mit Abbildungen. stw 1830. 366 Seiten

NF 118/3/03.13

André Leroi-Gourhan. Hand und Wort. Die Evolution von Technik, Sprache und Kunst. Übersetzt von Michael Bischoff. Mit 153 Zeichnungen des Autors. stw 700. 532 Seiten

Martina Löw. Soziologie der Städte. Mit zahlreichen Abbildungen. Gebunden. 292 Seiten

Winfried Menninghaus
- Ekel. Theorie und Geschichte einer starken Empfindung. stw 1634. 592 Seiten
- Hälfte des Lebens. Versuch über Hölderlins Poetik. 142 Seiten. Gebunden
- Das Versprechen der Schönheit. Gebunden. 386 Seiten
- Wozu Kunst? Ästhetik nach Darwin. 318 Seiten. Gebunden

Stephan Moebius/Andreas Reckwitz (Hg.). Poststrukturalistische Sozialwissenschaften. stw 1869. 471 Seiten

Ohad Parnes. Das Konzept der Generation. Eine Wissenschafts- und Kulturgeschichte. stw 1855. 385 Seiten

K. Ludwig Pfeiffer. Das Mediale und das Imaginäre. Dimensionen kulturanthropologischer Medientheorie. Gebunden. 618 Seiten

Paul Rabinow
- Anthropologie der Vernunft. Studien zu Wissenschaft und Lebensführung. Herausgegeben und übersetzt von Carlo Caduff und Tobias Rees. stw 1646. 252 Seiten
- Was ist Anthropologie? Herausgegeben und übersetzt von Carlo Caduff und Tobias Rees. stw 1687. 168 Seiten

Richard Rorty. Philosophie als Kulturpolitik. Aus dem Amerikanischen von Joachim Schulte. Gebunden. 357 Seiten

NF 118/4/03.13